大富豪インド人の
ビリオネア思考

富と幸福を約束する「ジュガール」

サチン・チョードリー
Sachin Chowdhery

フォレスト出版

はじめに

億万長者集団「印僑」の秘密

最強の武器「ジュガール」を使え

あなたは壁やトラブルに行く手を塞《ふさ》がれて〝もうダメだ〟と思ったとき、目の前の苦境を軽やかに乗り越えていくことのできる素晴らしいメソッドがあることを知っているでしょうか。

いま、多くの日本人が苦境に立たされています。相当な数の人々が、「見えない壁」に直面しています。

たとえば――

グローバル化に対応しなければならないという壁。

経済不況のなか会社を立て直さなくてはならないという壁。

仕事でなかなかステップアップできないという壁。

お金が貯まらないという壁。

がんばっているのに成績や評価が上がらないという壁。

自分のやりたいことがわからないという壁。

上司とうまくコミュニケーションがとれないという壁。

なにを言っても部下がついてこないという壁。

それに、恋人や友人が何を考えているかわからないといった壁もあるでしょう。


問題の大小はあるかもしれませんが、とにかく、非常に多くの日本人が自分の目の前に立ち塞がる「見えない壁」を越えることができず、閉塞感のなかでもがいています。

少なくとも、外国人の私の目には、そう映っています。それに、大きな壁を前にして〝もういいや〟とあきらめかけ、自信を失いかけている日本人もじわじわと増えてきているように見えます。

もしかしたら、あなたもそんな「あきらめかけた人」の一人かもしれません。

私はインド人です。

インド人は、こういうとき決してあきらめません。

なぜなら、壁やトラブルにぶち当たったとしても、それを乗り越える解決手段が必ずあることを知っているからです。


それが「ジュガール」。


ジュガールは、インドにおいてマハラジャの時代から広く知られている問題解決ソリューションです。また、言い方を変えると、**少しだけ発想と行動を変えるだけで人生もビジネスも圧倒的に逆転する、マインドをイノベーションする考え方**だともいえます。

いまやジュガールは、最先端の成功メソッドとして、全世界的に注目を浴びるようになってきています。

注目を集めているいちばん大きな理由は、多くの億万長者が華々しい成功をおさめているせいでしょう。

インドだけでなく、アメリカやヨーロッパでも、ジュガールを使うことによりたくさんのビリオネアやミリオネアが誕生していて、その成功法則のシークレットに対して多大な関心が寄せられているのです。

アメリカではすでにジュガールに関する書籍も売り出されていて、その本には、日産自動車のカルロス・ゴーンCEOが推薦文を寄せています。

さらに、「Harvard Business Review」の2011年12月の記事では、次のような出だしでその注目度の高さをうかがわせます。

「われわれは先日、ムンバイで開催された世界経済フォーラムのインド経済サミット2011に出席し、イノベーションを主題としたいくつかのパネル討論やワークショップで議長を務めた。

そしてそこで、イノベーションへのあるユニークなアプローチについての洞察を得ることとなった。それは『ジュガール（jugaad）』と呼ばれ、インドのような複雑な新興市場で起業家や企業が実践しているものである」

それに、私に言わせればスティーブ・ジョブズも、ビル・ゲイツも、稲盛和夫さんや孫正義さんも、世界的な成功をおさめた経営者はみなさんジュガールを使っているのです。ご本人たちはジュガールを使っていたことに気づかなかったかもしれませんが、彼らはみな天才ですから、成功や富、信頼を勝ち得るためには何をすればいいのかを教わらなくともご存じだったのでしょう。

ジュガールには、**成功を得るための叡智が凝縮**されています。

これから、私はあなたにこのシークレット・メソッドの素晴らしさを伝えていきたいと思っています。

なぜ印僑ばかりが儲かるのか？

発展途上ながらも近年目覚ましい成長を遂げているインドでは、ビジネスや人間関係において多くの人がジュガールを使っています。インド人でジュガールを知らない人はほとんどいないといってよく、ジュガールをうまく使ったことによって成功や富を勝ち得た人がゴロゴロいます。

なかでも、ジュガールによって巨万の富を得ることに成功しているのが「印僑《いんきょう》」と呼ばれる人々です。

あなたは印僑をご存じですか？

海外に渡って暮らす中国人を「華僑《かきょう》」と呼ぶように、印僑はインド国外に住んで活躍しているインド人のことを指します。

印僑は全世界に約２５００万人いるとされ、そのうち約２７０万人がアメリカに住んでいます。しかも、この**アメリカ在住の印僑の9人に1人は年収1億円以上。**こうした**印僑のビリオネアは全世界の10パーセントを占める**とさえいわれています。

また、もしあなたがＩＴ関係のビジネスマンで、アメリカに渡った経験があるならば、アメリカのＩＴ技術者がインド人ばかりであることにお気づきでしょう。ＩＴ関係の職業をはじめ、医師や科学者、金融関係といったアメリカのセレブ職の半数は印僑で占められているといってよく、多数の印僑成功者たちは、アメリカ国内だけでなく、世界的に見てもその発言力を増しつつあります。

ただ、彼ら海を渡ったインド人たちは、単に「数学が得意だから」とか「英語ができるから」「コンピュータが得意だから」というだけで成功できたわけではありません。

ここで注目したいのは、同じ移民集団で商売上手とされるユダヤ人や華僑とは異なり、印僑は一代で財を成す大富豪が非常に多いことです。

そう、ジュガールを駆使してビジネスを行ない、ジュガールによって人間関係を構築していったからこそ、成功と富、信頼を勝ち得ることができたのです。

事実、新興国インドの急躍進が騒がれていた2010年8月、「インドの日経新聞」とも言うべき「THE ECONOMIC TIMES」紙において、「ジュガールはインド人のもっとも貴重な資源である」という見出しが躍りました。

そこには、「81パーセントものインド人ビジネスマンが、ジュガールこそが成功の成否を決めた」と書いてあります。

Ⓒ時事通信

インド1位、世界5位の大富豪（「フォーブス」誌2008年度の長者番付）、リライアンス・インダストリーズのCEOムケシュ・アンバニ氏の新居「アンティラ」。1000億円以上をかけてムンバイに建てられた。もちろん、個人宅としては世界一の価格。この桁外れの成功を呼びこんだものはジュガールである。

そして――

じつは、私が日本において成功と富、人々の信頼を得られたのも、まさに〝ジュガールのおかげ〟なのです。

金なしコネなしがトップになる理由

私は幼少の一時期、父親の仕事の関係で日本に住んでいたことがあるのですが、1996年に日本での成功を夢見て再来日しました。

しかし、お金も人脈もコネもなく、片言の日本語しか話せないインド人がそうやすやすと仕事にありつけるはずがありません。

やっと見つかった「飛び込み営業」の仕事でも苦労の連続。日本的な仕事のやり方についていけず、なにをやってもうまくいかなくて涙で枕を濡らした夜もあります。もうあきらめてインドに逃げ帰ろうと思ったことも数えきれません。

そんなころ、私はたまたま一時帰国していたインドで印僑大富豪に面会する機会に恵まれました。そして、日本での仕事がなかなかうまくいかないことを訴えたところ、「では、ジュガールを使いなさい」とアドバイスされたのです。

私もインド人ですから、もちろんジュガールのことは知っていました。でも、それまでは自分のビジネスや人間関係のために意識して使うようなことはしていなかったのです。

私は、〝せっかくの大富豪のアドバイスなんだから、とにかくしゃにむにやってみよう〟と腹をくくりました。

すると、境遇が大きく変わりはじめました。

ジュガールを意識するようになってからというもの、**日本での「飛び込み営業」の仕事も、やることなすことすべてうまく運ぶようになり、なんと4カ月連続で営業成績が全国トップ**となりました。

その後、自分の会社を立ち上げてコンサルティング事業をスタートさせ、そちらもすっかり軌道に乗って、いまではインド、アメリカ、東京、鳥取で4つの会社を経営するまでになっています。また、本業の会社経営以外にも、講演活動やセミナー、大学の講義にも力を注いでいます。さらに、最近は鳥取県のＩＴによる地域活性化事業も行なっています。

こうした活動がマスコミの方の目に留まり、テレビ番組「カンブリア宮殿」に取り上げられて出演したこともあるので、もしかしたらご覧になった方もいらっしゃるかもしれません。

つまり、私は印僑大富豪からジュガールを諭されて以来、**たった数年で多くの成功を**

得るに至ったのです。

すべてはジュガールのおかげといっていいでしょう。

私は日本と日本人が大好きです。

だから私は、この印僑の成功メソッドを、ぜひ日本人にも実践してもらいたい。ジュガールを会得することができれば、あなたの境遇も劇的に変わるでしょう。

私はこれまで、日本と日本人から数えきれないほどの恩を受けてきました。ですから、私は日本にジュガールを伝えることが、お世話になった日本と日本人へのせめてもの恩返しだと考えているのです。

あなたは「三番目の王子」になれるか？

インドにこんな寓話があります。

昔、ある王さまが自分の後継者を選ぶために、３人の王子たちを呼んでこう言いつけました。

「おまえたちの宮殿を1週間以内に何かでいっぱいにしてみよ。ただし、使える費用はコイン1枚だけだ」

3人の王子たちは、その無理難題に頭を抱えました。3人とも大きい宮殿に住んでいました し、コイン1枚では買えるものも限られています。いったいどんなもので大きな宮殿を埋め尽くせばいいのか。

さて、王子たちはどんな策をとったでしょう。

1週間後、王が王子たちの宮殿を検分する日がやってきました。

一番目の王子は、コインで安いワラを買い集めて、宮殿に運び入れていました。でも、ワラは広い宮殿の3分の2までしか埋まっていません。これでは条件をクリアしたことになりません。王は不満顔で次の王子の宮殿に向かいました。

二番目の王子は、なんと町中のゴミをかき集めて、ゴミで宮殿をいっぱいにしていました。ゴミなら費用もかかりませんし、いくらでも集められると考えたわけです。しかし、いくら条件を満たしたとはいえ、せっかくのきらびやかな宮殿を汚いゴミの山にするとは言語道断。王はあまりの強烈なにおいに眉をひそめ、ますます不機嫌になって宮殿を後にしました。

三番目のいちばん若い王子がやったことはちょっと変わっていました。宮殿にモノを運び込むのではなく、宮殿からありとあらゆるものを運び出し、宮殿内の壁や床をピカピカに磨き上げていたのです。

王は夜になって、三番目の王子の宮殿を訪れました。広く静まり返った部屋のなかには何ひとつモノがなく、ただ、それぞれの部屋や廊下の燭台《しょくだい》に火がともされ、その光がピカピカの壁や床を照らして神秘的な輝きを放っていました。

王は王子に言いました。

「なんという荘厳な美しさだろう。だが王子よ、予《よ》は何かで宮殿をいっぱいにせよと申しつけたはずだ。その約束はいったいどうなったのじゃ」

王子は微笑みながら答えました。

「いえ、王さま、宮殿内はどこもかしこも灯《あか》りで照らし出されています。私は光で宮殿をいっぱいにしたのです」

その答えに王は満足し、この三番目の王子を後継者に決めたということです。

インドにはこうした「ジュガール寓話」がたくさん残っているのですが、この三番目の王子がひねり出した知恵と行動こそ、ジュガールの真骨頂を物語っているといっていいでしょう。

一番目の王子も二番目の王子も〝モノで宮殿をいっぱいにする〟という常識的発想にとら

われてしまったため、王さまの出した試練をクリアすることができませんでした。ところが、**三番目の王子は常識にとらわれない発想によって、一見誰も解決できなさそうな無理難題をクリアすることができた**のです。

いわば、目の前に大きな「壁」が立ち塞がったとしても、決して慌てたりあきらめたりすることなく、ジュガールを使うことによって、軽々と壁を乗り越えていったわけです。

しかし、ジュガールを身につけられなかった人は次々に自分の前に立ち塞がってくる壁にとまどい、それを越えられないまま、閉塞感に悩まされて生きていくことになってしまうのではないでしょうか。

すでに世界は「予定調和的な従来的・常識的な発想」だけでは通用しない時代に突入しています。

あっという間に情報が世界中に伝わって、ちょっと先の未来さえ予測できないような不確実性の高い時代では、変わりゆく環境や状況に合わせて自分もスピーディに変わっていかなくてはなりません。

ありきたりの発想に縛られたり、いままでと同じスタイルにこだわったりしていたら、すぐに世の中の変化についていけなくなってしまうでしょう。

さっきの寓話の例でいえば、「一番目の王子」と「二番目の王子」のありきたりの発想では、先細りになるのは目に見えています。これからは、常識の枠にとらわれない「三番目の王子の発想＝ジュガール的発想」を身につけていかなくてはなりません。この世界はもう、常識の枠を超えたジュガール的発想で行動をしないと、なかなか生き残れないようになっているのです。

＊

世界中が注目する**マインドをイノベーションする成功法則・ジュガール**――。

私は、日本人がこのメソッドを取り入れてものを考え、行動するようになれば、再び世界に冠たる繁栄を築くことができると信じています。

世界を股にかけて自由自在に活躍するような日本人も多くなることでしょう。

印僑大富豪のようにたくさんの資産を形成して、ビリオネアやミリオネアになる日本人も次々に現われてくるはずです。

また、ジュガールを使えば、いまあなたが日常生活で直面しているであろうさまざまな

「壁」も、すんなり越えていくことができるはずです。

仕事もうまくいくようになるでしょうし、お金も貯まるようになるでしょう。

上司とのコミュニケーションもうまくいくようになるし、部下にも信頼されるようになるはずです。

評価や成績も上がるでしょうし、自分のやりたい道をしっかり見据えて人生を歩んでいくことができるようになるはず。

もちろん、恋人や友人、家族ともいいリレーションシップを維持して幸せを築き上げていけることでしょう。


この本は、**日本で初めてのジュガールの解説書**です。

ジュガールがどういうものなのか、ジュガールを身につけるにはどうすればいいのか、ジュガールを使うと何がどう変わっていくのか。これから順を追って説明していくことにしましょう。

私は、ジュガールの力を信じ、人間の力を信じ、あなたの力を信じています。

どんな苦境に立たされたときも、ジュガールがあれば大丈夫。

エブリシング・ポッシブル――

ジュガールを身につけたあなたは、行く手を塞ぐすべての問題を解決し、すべての「壁」を越えていけることでしょう。

もくじ◉大富豪インド人のビリオネア思考

はじめに——億万長者集団「印僑」の秘密

第1章

圧倒的に人生を逆転させる思考「ジュガール」

預金通帳を見て、「まだ大丈夫」と思える人

成功へ続く「補助線」はあるか

インド人の辞書に載っていない言葉

日本人は怖がりすぎる

第2章 隠された能力を10倍引き出す仕事術

第3章

幸運を呼び込むジュガール・マインド

開かずの扉なんてどこにある？

同じジュガールでもなぜ差が生まれるか？

第4章

なぜジュガールは、富と幸福を日本にもたらすのか？

編集協力◉高橋 明
図版作成◉河村 誠

ジュガリーへの道（16段のステップを意識しながら本書をお読みください）

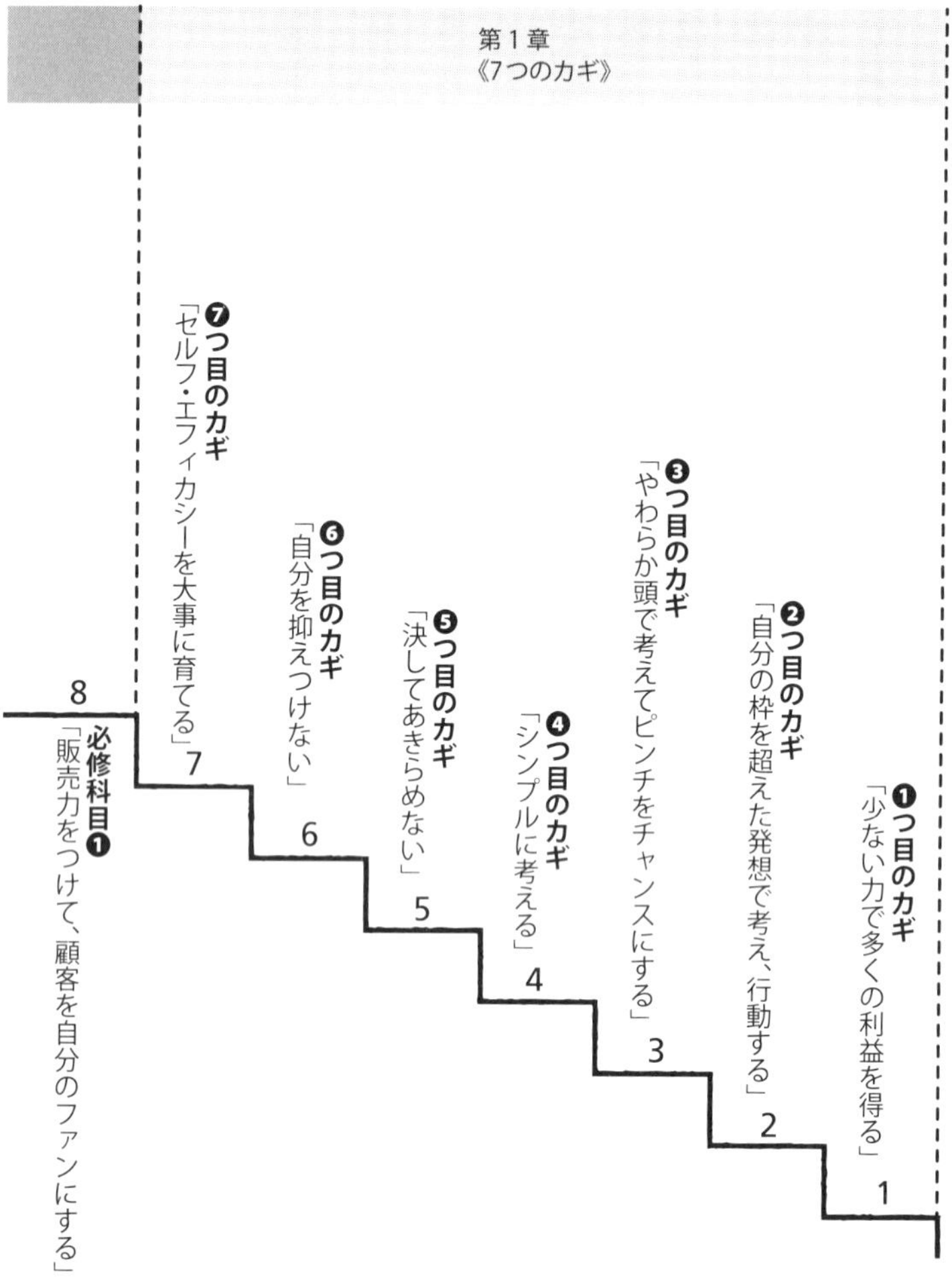

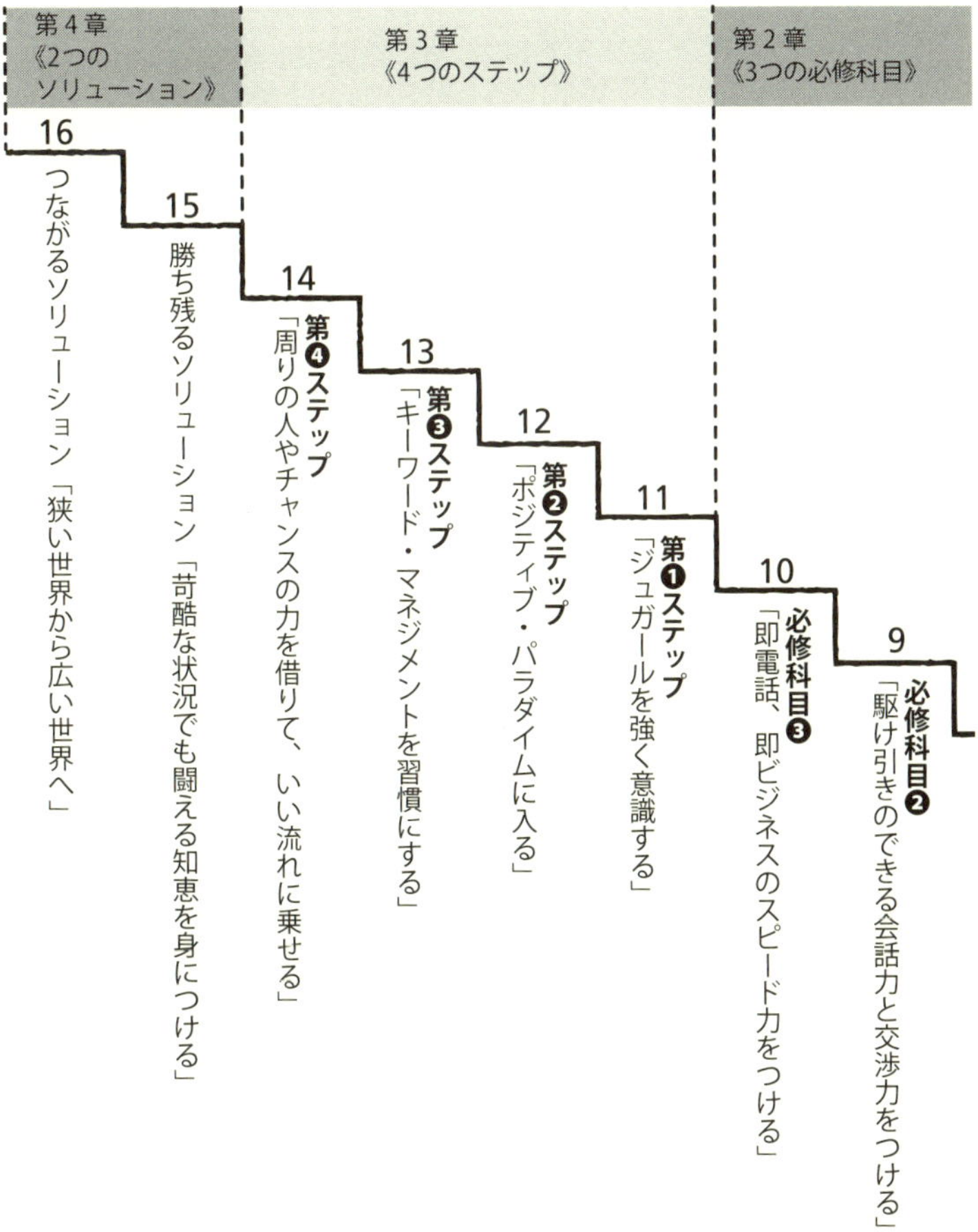
第2章
《3つの必修科目》
第3章
《4つのステップ》
第4章
《2つのソリューション》
9
必修科目❷「駆け引きのできる会話力と交渉力をつける」
10
必修科目❸「即電話、即ビジネスのスピード力をつける」
11
第❶ステップ「ジュガールを強く意識する」
12
第❷ステップ「ポジティブ・パラダイムに入る」
13
第❸ステップ「キーワード・マネジメントを習慣にする」
14
第❹ステップ「周りの人やチャンスの力を借りて、いい流れに乗せる」
15
勝ち残るソリューション「苛酷な状況でも闘える知恵を身につける」
16
つながるソリューション「狭い世界から広い世界へ」

第1章　《ジュガールを解き明かす7つのカギ》

圧倒的に人生を逆転させる思考「ジュガール」

印僑大富豪の教え

自分の小さな殻から抜け出せ！

Out of the Box

マインドをイノベーションする魔法の言葉「ジュガール」

豊かな日本語でも表現できない「ジュガール」という言葉

「ジュガールとはいったい何なのですか？」

「日本の言葉でひと言で表現するとしたら、ジュガールにいちばんピッタリ来る言葉は何ですか？」

私はよくこういう質問をされます。

そして、そのたびごとに大いに頭を悩ませてしまいます。なぜなら、**ジュガールを言い表わすぴったりの日本語がなかなか見つからない**からです。

それはおそらく、「私がインド人であって、日本語の語彙《ごい》が少ない」ということが原因なのではありません。

そもそも、日本民族の築いてきた文化・社会にジュガールに相当するような価値概念が見当たらない。つまり、ジュガールにうまく当てはまるような言葉がもともと存在していないのです。

だって、もし外国人に対して「仁」とか「徳」とか「義」とか「侠《きょう》」とかといった日本の伝統的な価値観をひと言で簡潔に説明しなさいといわれたら、あなたは困ってしまうのではありませんか？

それと同じです。

ジュガールをひと言で表現するのはなかなか難しい。

なので、いつもセミナーなどでそうしているように、ジュガールの持つ特徴的要素を小分けにし、それぞれについて説明しながら「ジュガールとはどういうものなのか」を少しずつ浮き彫りにしていくことにしましょう。

人生とビジネスを大逆転させる7つのＫＥＹ

ジュガールという広汎な概念をあえて小分けにするなら、おおまかに次の7つに分けられるのではないかと思います。

ジュガールの輪郭をつかむための概念図

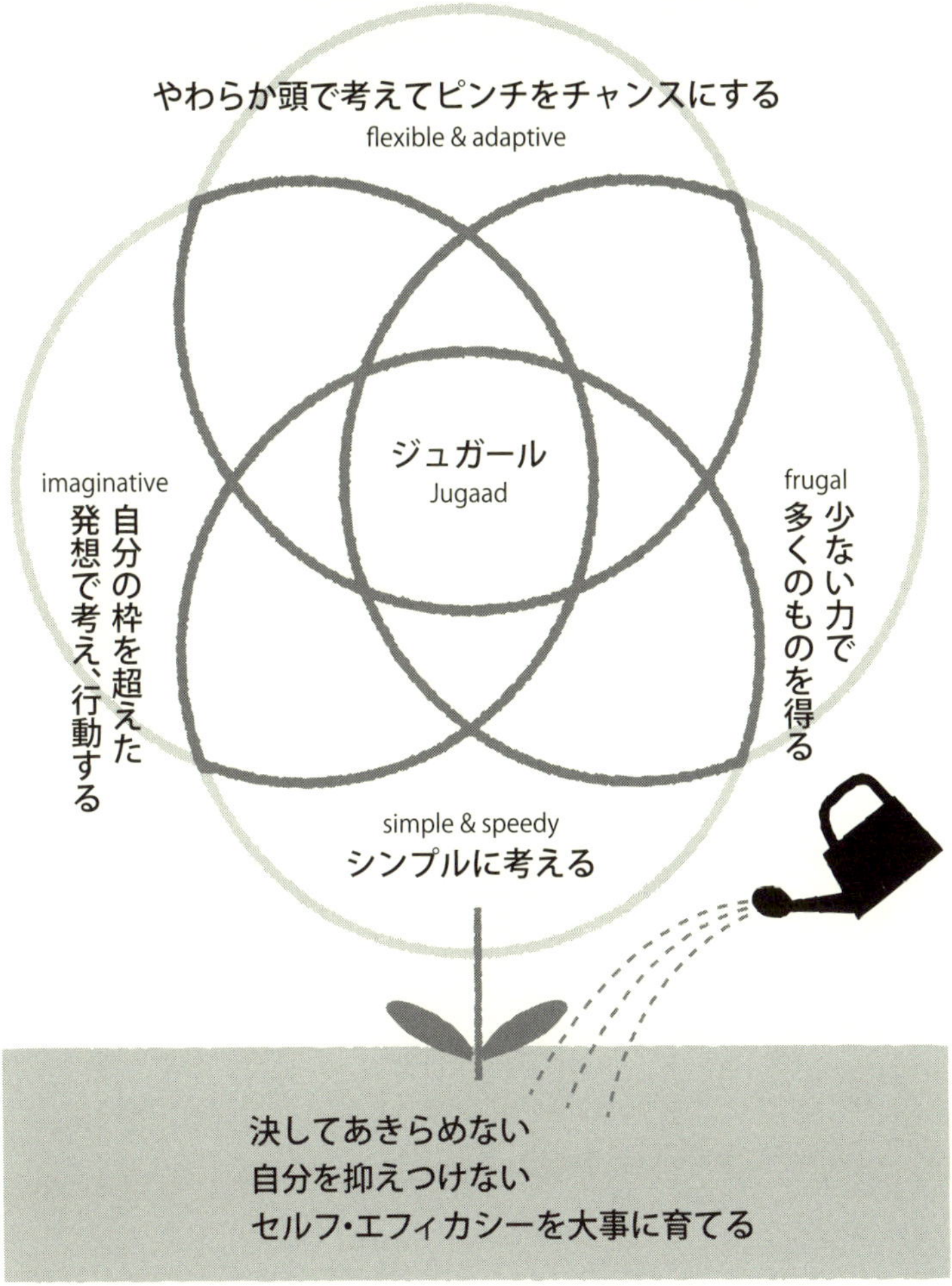

❶少ない力で多くのものを得る
❷自分の枠を超えた発想で考え、行動する
❸やわらか頭で考えてピンチをチャンスにする
❹シンプルに考える
❺決してあきらめない
❻自分を抑えつけない
❼セルフ・エフィカシー（自己効力感）を大事に育てていく

これら7つがジュガールを理解していくためのカギです。

本来、本国インドや欧米などでは、❶〜❹こそがジュガールのカギとして語られることがほとんどです。しかしながら、それらを支える基礎的な部分が、諸外国に比べて日本人は極めて不足していることを、私はこの国の生活のなかで思い知りました。それが残りの❺〜❼のカギになります。

日本人がジュガールを理解するには、昔から苦手としている❺〜❼も克服することが必要不可欠です。ですので、私は日本人にジュガールを説明するときは、あえてこの3つも、ジュガールの重要な特徴として付け加えるようになりました。

これから、身近な例を挙げながら、一つひとつカギを開けていきます。「なぜ日本人にジュガールが必要なのか」「あなたにどんなジュガールが必要なのか」を必ず読み取ってください。

徹底的に常識を疑えますか？

❶つ目のカギ
「少ない力で多くの利益を得る」

なぜガソリンが切れても商談に間に合ったのか？

もし、運転中にガソリンが切れて、車が止まってしまったとしたら、あなたはどうしますか？　仕事の商談で先を急いでいるというのに、運悪く付近にはスタンドはおろか民家さえありません。

さて、あなただったらどうします？

あきらめて商談相手に電話して日を改めてもらいますか？　いえいえ、あきらめてはいけません。では、JAFに電話してレッカー車に来てもらいますか？　いいや、それでは時間と手間がかかってしまいます。商談にだって間に合わなくなってしまうことでしょう。

もっと簡単に、時間をかけずに、手っ取り早く目の前のトラブルを解決できる方法はないのか。こんなとき、ジュガール的な発想の持ち主だったら、どんなソリューションを導き出すと思いますか？

私だったら、通りがかった車に停まってもらって、「すみませんが、ガソリンを分けてもらえないでしょうか」とお願いしますね。もちろん、その相手には礼を尽くして、十分な代金をお支払いします。

それであれば、たいした時間も手間もかからずに運転を再開することができ、商談にも間に合うことでしょう。

読者のみなさまは、「ウソつけ！　実際、そんなことできるわけないでしょう！」と思われているのではないでしょうか。しかし、これはインド大使館に勤めている友人の実話なんですよ。

ジュガールでは、わざわざ不必要な手間をかけません。
むしろ、「少ない力で多くのものを得る」ことをよしとします。〝経済効率を考えたら、当たり前のことだろう〟と思われるかもしれませんが、本当にその〝当たり前のこと〟ができるかどうか、引き続き考えていきましょう。

あなたは、ドロで冷蔵庫をつくれますか？

インドをはじめ、アジアの新興国には、「ありあわせのものを利用して創意工夫をする精神」が息づいています。

会社も個人も、自身が持っているリソースは限られています。ですから、自分の手持ちの駒やありあわせの駒など、使えるリソースはなんでもかんでも利用します。

手持ちのリソースをうまく組み合わせたり、目の前のリソースにプラスアルファの工夫を凝らしたりしながら、つねに試行錯誤しつつ、つねに新しいものを生み出そうとしているわけです。

たとえば、インドの陶器職人のムンサク・プラジャパティは、陶器製で電気のいらない簡易冷蔵庫「ミティクール」を開発し、その大量生産に成功しました。インドではまだ5億人以上が安定的に電気が供給されていません。電気不要の陶器製冷蔵庫は飛ぶように売れ、インド国内で一大センセーションを巻き起こしています。
これなどは、ありあわせのものを利用して少ない力で多くの利益を得る「ジュガール・イノベーション」のもっとも典型的な成功例と言えます。

まあ、インドも東南アジア諸国も、まだまだモノが豊かとはいえません。必要なものさえろくにそろわず、つねに何かが欠乏しているような状態が普通です。そういう状態からイノベーションを生み出すには、少ない元手をフルに活用しながら多くのことを実現していかなくてはなりません。このため、**「少ない力で済ませる」「不必要な時間や手間をかけない」「使えるものはなんでも利用する」**というジュガール精神が徹底しているのです。

では、日本人には使えるものはなんでも使い、少ない力で多くのものを得る「ジュガール的合理精神」があるのでしょうか。

異国の地で飛び込み営業開始！ そして4カ月連続国内トップに

きっと、昔の日本人はこういうたくましい精神に充ちあふれていたのでしょう。でも、いまはどうでしょう。できあがっている既存のシステムに、ちょっとあぐらをかいてしまっているようなところがありはしないでしょうか。〝こんな非合理的なシステム、もう要らないんじゃないのか〟と疑いながらも、そのシステムに身を委ねてしまっているようなところがありはしないでしょうか。

再び、私自身の体験例を挙げることにしましょう。

「はじめに」のなかでも述べましたが、日本でさんざん苦労していたころ、私は飛び込み営業の仕事をしていました。アポなしで見ず知らずのお宅のチャイムを鳴らし、出てきた人に自分たちの商品を説明して買ってもらう仕事です。

もしあなたの家のチャイムが鳴って、玄関ののぞき穴を見て見慣れないインド人が立っていたらどうしますか？　おそらく、ドアさえ開けないのではありませんか？

きっと、それが普通だと思います。実際、ほとんどのお宅ではろくに話を聞いてくれませんでしたし、よく宗教の勧誘と勘違いされていました。

でも、そういう感覚がわからなかった私は、チャイムを押してもなんの応答もないお宅に何度も繰り返し訪問していたのです。一度など、出てきた主婦に**「あなた！　いいかげんにしなさい！」と怒鳴られて塩を撒《ま》かれた**ことさえあります。

そしてそのころは、〝日本の仕事のやり方は、なんて非合理的なのだろう〟と思っていました。

買ってくれるアテもないのに、一軒一軒しらみつぶしに訪問営業をするなんて、とてもインドでは考えられません。しかも、型にはまったセールス・トークがあって、その型どおりにしゃべることを求められます。

私のほかにも断られまくっている新米社員が何人かいましたが、その人たちはすっかり自信をなくしていました。

その人たちと個人的に話してみると、みんな大学を卒業して立派なリソースを持っています。でも、そういう個々のリソースは決して活かされることなく、来る日も来る日も画一的で没個性的な人海戦術が遂行されるのです。

それに、会社の会議では〝やり方を変えてみよう〟とか〝セールスポイントを見直してみよう〟といった建設的な意見は一切なく、〝誰それの成績が悪い〟〝目標達成にはまだまだほど遠い〟というお説教ばかり。私も上司からしょっちゅうやり玉に挙げられていました……。

しかし、先にも述べたように、ジュガールを学んでからの私は変わりました。同じ飛び込み営業の仕事で、４カ月連続で国内トップになることができました。

なぜ、こんなにも大きく変わることができたのか。

それは、少ない力で多くのものを得る「ジュガールの仕事のやり方」を取り入れたからです。

より具体的に言うと、親しくなったお客さんにさらなるクライアントを紹介してもらうようにしていったのです。そして、そのお客さんともしっかり信頼関係を築いて、また別のクライアントを紹介してもらう。そうやってリレーションシップを築きながら、少ない力で効率的に販路を広げていったわけです。

また、そういう信頼の輪を広げていくには、自分の使えるリソースはなんでも使っていくことが大事です。私は、できるだけ小奇麗な服装をして、スマートなプレゼンをして、できるだけ自分自身のバリューを高めることに努めました。

すると、私に固定ファンのお客さんがつくようになり、次第にその輪が広がって、次々にファンのお客さんが現われては契約に結びつくようになっていったのです。

そのときは私自身、〝仕事にジュガールを取り入れただけでこうも短期間に変わるものか〟とあまりの効果にびっくりしました。

あなたは、少ない力で多くをもたらす仕事をしていると自信を持って言えますか？　まだまだという人は、ぜひジュガールをビジネスに取り入れてください。

とは言っても、まだ「ジュガール」の輪郭をつかめていないと思います。先に進みましょう。

あなたには無限の可能性があるって信じていますか？

❷つ目のカギ「自分の枠を超えた発想で考え、行動する」

臆病で怠惰なカタツムリたち

ヒンズー教に「心が変われば態度も変わる。態度が変われば行動も変わる。行動が変われば習慣も変わる。習慣が変われば人格が変わる。人格が変われば運命が変わる。運命が変われば人生が変わる」という格言があります。

人は変わりたくない生物です。なぜなら、変わらない、枠からはみ出ないのが安全だからです。ところがそれでは進化しないし、人生も変わらないのです。

私はよくセミナーや講演を行なって日本の方々と接しています。ときにはセミナー合宿を開催し、連日受講生と話し合ったり討論したりすることもあります。

こうした会に参加されるのは、みなさんステップアップに意欲を持った前向きな方々ばかり。新たに事業を始めようという方もいらっしゃいますし、すでに多くの実績を上げているビジネスマンや経営者の方もいらっしゃいます。

しかし、そんな意欲的な方々ばかりが集まった会でも、次のような話をされる人が少なくないのです。


「いつも何かに手足を縛られているような不自由な感じがあって、まだ自分がやりたいことができていない」

「会社の慣例や上司の意向を気にして、本当に自分が言いたいことややりたいことがあっても、言わないままおさめてしまう」

「いざとなると常識的な考えやいつもと同じような考えに流れてしまい、自分の小さな殻を打ち破れない」

「どこかに〝もう自分はこんなもの〟という思いがあって、さらなるステップにつながるような思い切った行動がとれていない」

いかがでしょう。

熱心な受講生でさえこうなのですから、おそらく相当な数の日本人がこうした考えや悩みを抱いているのではないでしょうか。あるいはあなたも心の隅に思い当たるフシがあるかもしれません。

こうした考えを抱いてしまうのは、自分で自分を「枠」に勝手にはめこんでしまい、その枠から外に出られなくなっているせいです。

どんな枠に自分をはめこんでいるかは人それぞれでしょう。

ただ、どの場合も、勝手につくり上げた枠の中に自分を押し込んで、自分で自分の限界ラインを引いてしまっているわけです。

すると、考え方や行動もだんだん自分の決めたルールや常識の枠を出ないものになってきます。

自分のなかに「こういうときはいつもこうしておけばいい」というお決まりのパターンができてしまい、その予定調和の範囲内でしか動けなくなってしまうのです。想定内のパターンでしか頭や足を動かさなくなれば、当然、斬新なアイデアも出なくなるでしょうし、思い切った行動もとれなくなってくることでしょう。

また、あらかじめ「できない理由」「断る理由」を準備したり、意識的に目立ったり発言をするのを避け、自分を前面に出すことなく「いつもと同じようにやっていればいい」と事なかれ主義に走る人もいるはずです。

だけど人間は、枠に自分をはめこんでしまうと成長しません。枠から出なくなってしまうのは、カタツムリのように自分の「殻」に逃げ込んでいるのと同じです。

しかし――
ジュガールを使うと、こういった傾向が逆転することになるのです。

日本は所詮「井のなかの蛙」止まりなのか

そもそも、ジュガールの最大の特徴は、「自分の枠を超えた発想で物事を考え、行動する」ということにあります。

ジュガールを使う人は、いつも「自分が狭い常識の枠にとらわれていないかどうか」を頭の隅で点検し、つねにその枠を取り払い、突破するように意識しています。

ビジネスをしているときも、買い物をしているときも、友人と語らっているときも、企画を考えているときも、どんな活動をしているときも休むことなく、「小さな枠から抜け出そう」「自分の枠を突破しよう」と意識しているのです。

その意識づけを、私は「アウト・オブ・ザ・ボックス」と呼んでいます。

すなわち、小さな箱を抜け出して外に出てみれば、箱のなかにいるときには気づきもしなかった世界が広がっている。だから、自分の「常識」や「決めつけ」という狭苦しい箱を飛び出して、いつも広々とした世界に自分の身を置いて考え、行動するようにしようということです。

どことなく、「井のなかの蛙《かわず》、大海を知らず」という教訓と似ていますね。ただ、決定的に違うのは「井のなかの蛙」が単なる教訓で終わっているのに対し、「アウト・オブ・ザ・ボックス」は、目の前の障壁やトラブルを乗り越えるための実践的ソリューションとして使うことができる点です。

では、このような常識にとらわれない発想力をつけるには、普段からどんな考え方をしているといいのか。

ひとつアドバイスを加えるならば、「子どものように〝素直で夢のある発想〟」を大事にしてほしいと思います。

たとえば、マンガのドラえもんに出てくる「タケコプター」や「どこでもドア」のように、〝こんなことできたらいいな〟〝こんなものがあったらいいな〟という気持ちを忘れないようにするのです。

〝いくら常識の枠を超えるといっても、ドラえもんの「ひみつ道具」を引き合いに出すことはないだろ〟と思う方もいらっしゃるかもしれませんが、ビッグな成功につながるアイデアというのは、意外にこういう子どもっぽい夢見物語のような部分から生まれているもの。

ウォークマンだって〝歩きながら音楽を聴けたらいいな〟という発想から生まれたヒットですし、ｉＰｏｄはそれをもっと進化させて〝好きな音楽をデータベースごと持ち歩けたらいいな〟という発想から生まれたヒットです。

そういうふうに、**どこか子どもっぽく感じるくらいのシンプルな発想を素直にふくらませていくほうがビッグヒットにつながりやすい**のです。

ちなみに、私が手がけているビジネスも、わりと子どもっぽい単純な発想から生まれています。

私はニューデリーの高級ブティックが並ぶＤＦＬというショッピングモールでインド初

の「IZAKAYA（居酒屋）」を経営しているのですが、これは〝インドには日本の居酒屋のようにいろんな料理やお酒を気軽に楽しめる店がないから、つくれば大ヒットするだろうな〟という単純な思いつきがもとです。

おかげさまで大成功して、デリーの高級ホテル内に2号店もオープンし、3号店も計画中です。

子どもは自分の欲望に忠実ですから、欲しいものを少しもためらいなく口にします。自分の抱いている夢についても、決してフタをして抑え込むことはありません。

サン＝テグジュペリが描いた絵の秘密

そうそう、常識の枠にとらわれない子どもの発想を大事にするという点で、ひとつ例に出しておきたい絵があります。

ご存じの方も多いとは思いますが、サン＝テグジュペリの名作『星の王子さま』の冒頭に、次頁のような挿絵があります。上の絵はサン＝テグジュペリが6歳のときに描いた〝作品第1号〟。

彼はこの傑作を大人たちに見せて「怖くない？」と聞き回ったそうです。

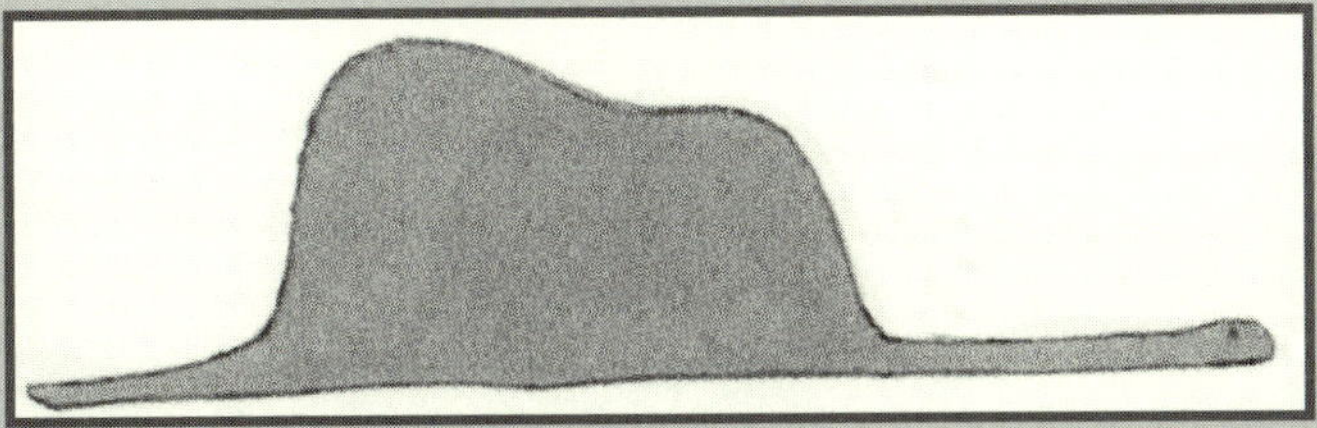

サン＝テグジュペリがある本を読んで描いた作品第１号。大人はみんなつまらない帽子の絵としか思わなかった。

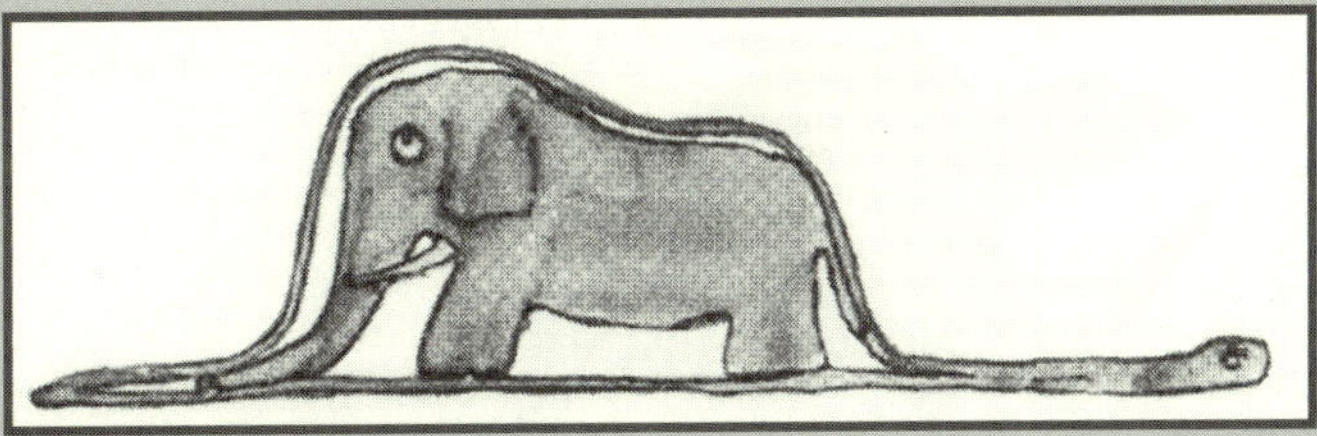

上の絵を理解してくれない大人たちのために書いた作品第２号。既成の枠にとらわれない子どものころの想像力を忘れないでいたい。

でも、大人たちは「どうして帽子が怖いんだい」と言って、作品をまったく理解してくれない。仕方なく彼は、下のような〝作品第2号〟の絵を描いて説明するほかなかった。帽子に見えていた絵は、じつは象を丸ごと呑《の》み込んだ大きなウワバミ（大蛇）だったのです。

　でも、それを見せても、大人たちは理解してくれず、「もっとほかの勉強をしなさい」と言うばかり。それで彼は偉大な画家への道をあきらめたのだと書いています。

　私はこのサン＝テグジュペリの絵は、常識の枠にとらわれないジュガールの発想に通じるものがあると思っています。

常日頃〝自分も枠にとらわれているなあ〟と感じている人は、このサン＝テグジュペリの絵を思い出して、自分の可能性にフタをしない「子どものころの原点」に立ち返ってみるといいのではないでしょうか。

ともあれ、ここでしっかりお伝えしておきたいことは、ジュガールでは、決して自分を決めつけないこと。自分で自分の可能性を決めてしまったり、自分で自分の限界ラインを引いてしまったりすることはないこと。

むしろ、その逆です。

自分という人間に限界はなく、自分は無限の可能性を秘めている。ジュガールは、そういった**自分の可能性を十二分に引き出すためのメソッド**です。

ここは非常に大切なところです。しかし、抽象度が高いテーマであるのも事実。おそらく、〝あんまり腑《ふ》に落ちないなあ〟という方もいらっしゃるのではないでしょうか。ただ、次の❸つ目のカギをお読みいただければ、よりジュガールの真髄をご理解いただけると思います。

❸つ目のカギ
「やわらか頭で考えて ピンチをチャンスにする」

預金通帳を見て、「まだ大丈夫」と思える人

コップ半分の水であきらめる人、生き残る人

よくプラス思考の大切さを説明するとき、「コップに半分入った水」の例が引き合いに出されます。

あなたも聞いたことがあるのではないでしょうか。

コップ半分ほど入っている水を「もう半分しかない」と見るか、それとも「まだ半分もある」と見るか。どうせなら、「まだ半分もある」と前向きに捉えたほうがいい。それがプラス思考というものですよ——というわけです。

ただ、私はここでプラス思考の重要性を強調したいわけではありません。もちろん、プラス思考でいることは大切なのですが、ここではもっと別のことを述べたいと思います。

じつは、この「コップ半分の水」は、ジュガールにおける大事な心得を示唆しているので

す。

それは、「目の前の物事はいろんな見方ができて、どう見るかによってとるべきソリューションが変わってくる」ということ。そして、「そのソリューションによってはピンチをチャンスにすることもできる」ということです。


簡単に説明すると、まず、そこに半分の水があるという事実は変わりません。同じ事実を目の前にしているのに、ちょっと視点を変えただけで「もうない」という人と、「まだある」という人に分かれるわけです。

では、これを「お金」や「経済」で言い換えてみましょう。半分のお金があるという事実を前にして、「もうない」と捉えるか、「まだある」と捉えるかで、あなたがとる対応は大きく違ってきますよね。「もうない」と捉えれば〝もっと節約しなくちゃ〟となります。「まだある」と捉えれば〝これを元手にひと儲けしよう〟という発想になります。

同じように、低迷する景気を「もうダメだ」と捉えれば〝もうこの商売をやめて別のことをやろう〟となります。「まだいける」と捉えれば、〝不景気のいまだからこそ儲かるアイデアがあるかもしれない〟という逆転の発想になります。

つまり、どんなことであってもいろんな見方ができ、その視点次第でソリューションが変わってくるわけです。

視点や捉え方次第でピンチをチャンスに変えられる可能性が広がってくるわけです。

すなわち――

ジュガールは、こういうふうに目の前の物事をフレキシブルに捉えて、いろいろな見方、いろいろなソリューションを追求し、なんとかピンチをチャンスに変えるメソッドなのです。

「無い」から生まれる

ジュガールを使う人は、いつもやわらか頭。考え方も行動もフレキシブルで、常識や固定観念に縛られることがありません。

どんなときも、〝こういう見方もできるし、ああいう見方もできる。そうだ、視点を変えればこんな見方もできるかもしれない〟と次々に発想をシフトチェンジしているといっていいでしょう。

いわば、〝なんとか逆転できる方法はないか〟〝いまよりも、もっとうまくいく方法はないか〟を四六時中模索しつづけているわけです。

だからジュガールを使えば、〝困った、どうしよう……もうダメかもしれない〟という場面で、〝まだいける〟〝こんな手も打てる〟という斬新な発想が出てくる。たとえ土壇場に追い込まれても起死回生の一発逆転ホームランを放つことができるのです。

たとえばインドでは、天然資源と財源の不足が深刻な逆境を、より低コストでより多くの人々に、今以上のクオリティの製品やサービスを生み出すチャンスに変えてしまいます。

1995年、インドのバンガロールという都市でSELCO社を設立したハリッシュ・ハンデ（Harish Hande）の事例を見てみましょう。

インド政府が電気のない生活をしている6億の国民に効果的に電気を供給する方法を模索していたころのことです。インフラを整えるには莫大な費用がかかるし、電気を受けとる側も高額な電気代を払うほどの経済的な余裕もない。

進退窮まったと誰もが思うところです。

しかしハリッシュはジュガールを使ってこの問題を軽々とクリアしました。インドの最奥地で10万軒以上の家や店舗、学校に電気をもたらすことに成功したのです。

彼は、比較的安価な地方の流通ネットワークを使うことで、奥地でもすぐに修理できるモジュール式ソーラー照明システムを開発しました。しかも病院・学校・家庭など、個々の顧客に合わせるパーソナライズにも着手しています。

料金については従量料金制（利用時間などに応じて課金されるシステム）で手頃な価格の電力を届けたのです。

このＳＥＬＣＯ社の倹約的なエネルギー分配システムは、常時使用できるが無駄の多い送電網と違い、より低コストでより多くのインド人に大きな価値をもたらしました。もちろん、環境と経済の両面において持続可能です。

このビジネスモデルは、ピンチをチャンスに変えるジュガールの考え方から生まれた成果といわれています。


現代の日本人はこういう頭のやわらかさを備えているでしょうか。

私が思うに、日本人のものの見方は、少々周りの意見や偉い人の意見に左右されがちな傾向があるような気がします。

たとえば、みんなが「不景気だ、不景気だ」と言っていると、不景気だという見方しかしないようになったり、専門家がテレビで「４年後に東京に大地震が起こる」と言えば、さあ、どうしようと慌ててしまったり……。そういう流されやすいところがあるのではないでしょうか。

でも、みんなの意見やテレビの意見、専門家の意見は「絶対」ではありません。あくまでたくさんあるなかのひとつの見方なのですから、もっと「自分の見方」「自分の捉え方」を大事にしてもいいのです。「みんな」「テレビや新聞」「専門家」から流れてくる情報ともうちょっと距離をとって、自分の視点を基軸にして考えたり行動したりしてもいいのではないでしょうか。

ただその前に、日本人独特のある資質について考えなければなりません。

プライドにも質がある

日本の方々はプライドが高いですよね。

例を挙げれば、間違った英語を使っているのに、言葉遣いの誤りを、失礼に当たらないように気遣いながら指摘してあげているのに、感謝されるどころか、戸惑った顔や嫌な顔をされることがしょっちゅうあります。

これは、ちょっと不思議。

日本に滞在している外国人は、日本人から日本語の使い方の間違いを指摘されたなら、たいていはその間違いを笑って受け容れ、その人がアドバイスしてくれたことに対して感謝します。

でも、プライドが高くてきまじめな日本人はなかなかこれができないんですね。間違いを指摘されると、これまで自分が一生懸命築き上げてきたものを否定されたような気になってしまうのかもしれません。

〝どんな小さな間違いや失敗もしないようにしよう〟と懸命に築き上げてきた自分のお城を守るよりも、自分のお城なんていつ崩れても構わないから、〝積極的に間違いや失敗を認めて学んでいこう〟とするほうが、人間は成長するし、強さを発揮するものです。

こういった**「間違いや失敗をどこまで受け容れられるか」というのは、頭のやわらかさと大いに関係している**のではないでしょうか。

本当に強い人は、自分を鎧《よろい》で固めるのではなく、いつもやわらかくあろうと努めているもの。そして、そのときそのときの状況に適した行動をとるのです。

どうすればこういう〝ジュガールのやわらかさ〟を身につけていくことができるかについては、後ほど改めて説明することにしましょう。

❹つ目のカギ
「シンプルに考える」

成功へ続く「補助線」はあるか

どのリモコンを使いたい？

次頁の図を見てください。

3つ並んでいるのは、いずれもテレビのリモコンです。ただ、よく見ると、それぞれに異なる特徴があるのがおわかりですか？

いちばん右は米アップル社のテレビのリモコンです。スティーブ・ジョブズは「シンプルを設計する世界一の天才」と呼ばれていましたが、その教えのとおり、徹底してシンプルさが追求されています。iMac、iPod、iPhoneなど、これまでのアップル製品と同様、操作も簡単で使いやすそうですね。

真ん中は、韓国サムスン社のテレビのリモコンです。LGなどもそうですが、韓国の家電アップル社製とサムスン社製のシンプルさとデザイン性が際立っているのがわかる。ボタンの数は少ないが、iPhoneなどのように説明書がなくても感覚的に操作することができるので、むしろ機能的ともいえる。

メーカーは、シンプルさという要素に加えてデザイン性をとても重視しています。すっきりとまとまっていて、これなら〝持っていたい〟〝身近なところに置いておきたい〟という気になります。実際、韓国製のテレビは、日本を抜いて世界各地で大きく売り上げを伸ばしています。

そして、左が日本のメーカーのリモコンです。言うまでもなく**〝なにもこんなにたくさんつけなくても〟**というくらい、操作ボタンがいっぱい。多機能満載すぎて、どのボタンを使えばいいのかわからなくなりそうです。なかには**〝こんな機能、いらないんだけどな**

あ〟というものもついています。
日常の生活でいつも使う操作ボタンはだいたい限られているものです。きっとあなたも、使ったことのあるボタンよりも使ったことがないボタンのほうがはるかに多いのではないでしょうか。

私は思うのですが、日本のリモコンの場合、使う人に〝これを持ちつづけていたい〟〝シンプルで使いやすそうだ〟〝使うのが楽しくなりそうだ〟といった気分にさせるマインド面がブランディングされていないような気がします。
どこか**〝こんなにたくさん機能があってすごいだろう〟**という慢心みたいなものを感じます。
しかも、日本のメーカーは、どのメーカーも似たり寄ったり。A社が1つの機能を追加すればB社もC社もすぐにそれに追従して、結局同じような機能を搭載することになります。テレビだけでなく、デジカメもパソコンもみんな多機能だらけ。こういうところは、なんだかとても日本らしいですね。

ここでは「シンプルに考える」ということの大切さを述べたいと思います。

問題を解決する補助線は必ずある！

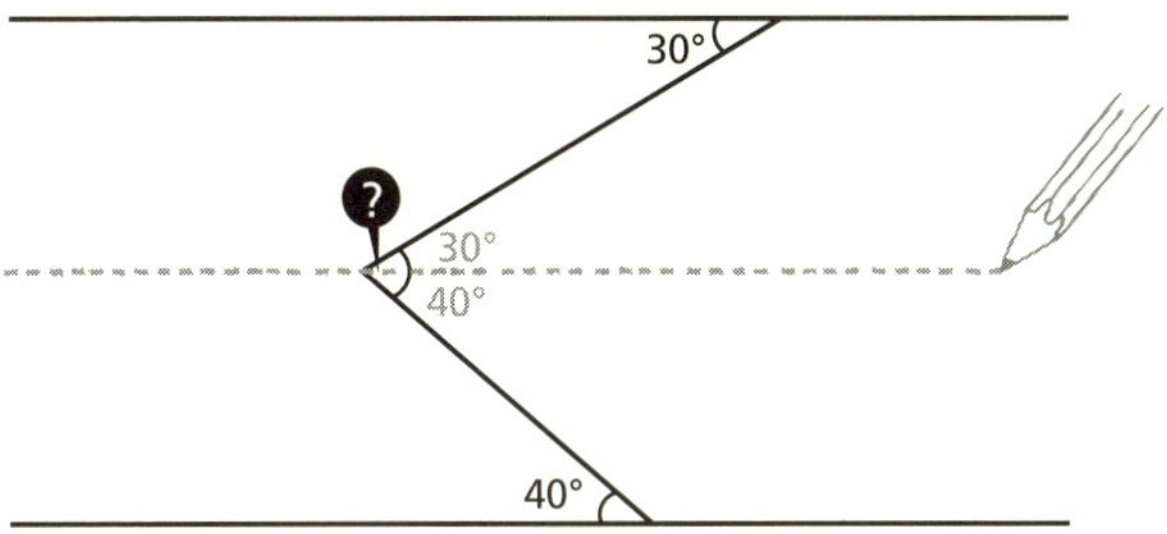

ジュガールでは、目の前のことを極力シンプルに捉えようとします。難しく考えそうになったり、考えが隘路《あいろ》に入りそうになったりするのを意識的に排除し、できるだけ単純化しようとします。

それは、物事の核心をつかむということなのですが、じゃあどうやってつかめばいいのでしょうか？　これからお話しします。

一本の補助線の魔法

子どものころの勉強を思い出してみてください。

あなたは算数の図形問題が得意でしたか？

ああいう図形問題って、難しく考えてしまうとかえってハマってしまうものです。でも、シンプルに考えて、一本の補助線を引いてみるとどうでしょう。そのとたん、すべての謎が解けて問題が一気に解決することがよくあります。
〝なーんだ、ずっと難しく考えちゃってたけど、じつはこんなに簡単なことだったのか〟とひざを打った経験が、きっとあなたにもあるのではないでしょうか。

ジュガールもそれと同じなのです。

どんな問題にも、その問題を解くためにはポイントとなるキー（鍵）が存在するもの。一見、複雑そうに見える問題も、「補助線というキー」を見つけ出すことができれば、とんとん拍子で解決に向かっていくものです。

しかし、その「補助線というキー」を見つけるまでが結構たいへん。このキーを見つけ出すためには、できるだけ問題をシンプルに考えていかなければなりません。

ジュガールでは、このように「シンプルに考えて、目の前の問題を解くキーを見つけていく作業」を「キーワード・マネジメント」と呼び、第3章の「ジュガール実践編」で詳しくご紹介します。

なかなか複雑系の迷路から抜け出られない方は、ぜひそちらを参考にしつつ、シンプルな問題解決のキーワードを見つけていくようにしてください。

私は常々思うのですが、世界中のどの国においても人々は、生活やビジネスで目の前のことをよりよくしていくような「補助線」を求めています。

スティーブ・ジョブズは生涯「シンク・シンプル」を貫きました。やはりシンプル思考こそが、人々に役立つ補助線を見つけることにつながるのを知っていたのでしょう。だからこそ、あのように素晴らしいイノベーションを次々に打ち出していくことができたのではないでしょうか。

これからは、たとえ複雑につくることができたとしても、あえてシンプルにつくるほうがいいのです。

ボタンだらけの機能満載のリモコンをつくるよりも、もっとシンプルに考えて、人々がどういう補助線を求めているのかを突き詰めていくほうがいいでしょう。

とは言っても、一見補助線なんてどこにもなさそうに見える出来事に遭遇することもあると思います。ささいな出来事ではあるのですが、次の私の体験もその一つに数えられるのかもしれません。

❺つ目のカギ「決してあきらめない」

インド人の辞書に載っていない言葉

「コーヒーがない」喫茶室の風変わりな客

たとえば、あなたがインドや東南アジアなどを旅行して、お土産を買うとしましょう。たいていの売り子さんは、日本人と見れば通常の何倍もの金額をふっかけてくるものですが、あなたは値段交渉を割とあっさりあきらめて、向こうの言い値に近い金額でモノを買ってしまってはいませんか？

また、評判のお菓子屋さんに列ができているのを見て、あなたが家にお菓子を買って帰るために列の最後尾に並んだとしましょう。30分も待ってやっとあなたの番が回ってきたというのに、あなたの前の人で目的のお菓子が売り切れになってしまった……。こういうとき、あなたはさんざん待たされたにもかかわらず〝仕方ない〟とあきらめて帰ってしまってはいませんか？

しかし、インド人だったら絶対にあきらめないでしょうね。

値段交渉は自分が納得する値段になるまでねばり強く交渉します。お菓子が売り切れになってしまっても「じゃあ、明日○時に来るから予約でつくっておいてほしい」とか、「これまで期待して並んで待っていたんだから、割引クーポンのひとつくらい出してほしい」など と、自分のためになる交渉をするでしょう。

「そのままなにもせずにあきらめる」という行動パターンはインド人の辞書にはありません。インドは日本やアメリカのように成熟化した社会ではありません。

電気が通っていない村もまだたくさんありますし、満たされない暮らしをしている人がぎゅうぎゅうとひしめき合っています。そのせいもあって、自分の欲求を簡単にあきらめることはありません。

たとえ、欲求が実現しそうになくとも、手を変え品を変え、工夫を凝らしてねばりながら、なんとか状況を打開して、その欲求を実現させる道筋をつけようとします。

例として、私の体験を挙げることにしましょう。

私が東南アジアのあるホテルに泊まったときのことです。

その朝、私はなぜか無性にコーヒーが飲みたくなりました。ところが、ホテルの喫茶室ではあいにくコーヒー豆を切らしていて、代わりに紅茶ではどうかとすすめてきたのです。

「仕方ない、じゃ紅茶で」と多くの日本人は言うでしょう。

でも、私はあきらめませんでした。

「私はどうしてもここでコーヒーを飲みたいのです。じゃあ、自分の部屋にコーヒーのパウチがあるから、それをここに持ってくることにしよう。お湯だけ出して、そのパウチでコーヒーを淹《い》れてください」

という策をとったのです。

日本人の感覚からすると〝ずいぶんハタ迷惑なお客だな〟と感じるかもしれません。でも、私にしてみれば、これも立派なジュガールなのです。

損する人、得する人の特徴

なぜ、あきらめないことがジュガールなのか。

それは、あきらめたら、その時点で可能性が閉ざされてしまうからです。先ほど、「ジュガールは無限に広がる自分の可能性を引き出すことだ」と述べましたが、あきらめたら、その無限の可能性にブレーキをかけることになってしまうのです。

だから、ジュガールを使う人はあきらめません。「あきらめる」という行為を決して認めないといってもいいでしょう。

ジュガール使いは、どんなに可能性が低くなろうとも、見方や発想を変えて一発逆転のソリューションをひねり出そうとします。そして、仮にその努力が実を結ばず、失敗したからといって弱気になるようなことはまったくなく、その失敗を活かして、すぐに次のソリュー

7ページでも紹介した大豪邸に住むムケシュ・アンバニ氏（手前）。後ろの肖像が創始者であり父親である故ディルバイ・アンバニ氏。

ションを考えます。

あきらめないし、くじけない。そうやって、片時も止まることなく、打開策や解決策を生み出しつづけるのです。

インドの財閥リライアンス・インダストリーズの創始者である故ディルバイ・アンバニ氏は、創業当時インドには珍しかったテキスタイルビジネスの最新機器を海外からインドに導入しようとしました。ところが、関税が高額すぎて当時の資本では輸入することができません。

普通ならここであきらめてしまうでしょう。しかし、彼はジュガールを使ったのです。どんなジュガールか、わかりますでしょうか？

正解は**「機械を一旦分解して部品にする」**ことで、機械にかかる関税を免れたのです。もちろん、一旦分解された部品は組み立てなおせば元通り。その後、巨万の富を得た彼は、「インドで最も有名なジュガリー」という称号を得ることができました。


このように決してあきらめずに目の前の問題を解決しようとする習慣が身についてくると、交渉しただけで値段が半額になったり、あきらめずにちょっと相手と話し合ってみただけでビッグビジネスが実を結んだりといった「得したこと」「うまくいったこと」が次々に身辺に起こるようになります。

つまり、あきらめてしまうことによって、これまでの自分がいかに損をしていたかが身に沁《し》みてわかるのです。

ではなぜ、インド人と比較して日本人は簡単にあきらめてしまうのか？　そこには、あることわざが示す〝日本らしさ〟が、原因の一端になっているような気がしています……。

日本人は怖がりすぎる

❻つ目のカギ「自分を抑えつけない」

あなたの美点はビジネスでは不利!?

日本には「出る杭《くい》は打たれる」ということわざがありますね。

もちろん、私も〝遠慮深さ〟や〝奥ゆかしさ〟〝慎ましさ〟が日本人の美点であることは重々承知しています。

一歩引いて他人のことを立てたり、相手の様子をうかがってうまく気遣ったりする〝抑制のきいた繊細さ〟においては、日本人に勝る民族はいません。茶の湯や生け花などの文化だって、こういう〝抑制のきいた繊細さ〟がなければ花開かなかったことでしょう。

でも、それはそれです。

こういった美点を残していくことについては賛成ですが、ビジネスや人間関係などでいつも自分を抑えつけていては、生き残っていくことは不可能です。

やはりこれからは、必要とあらばどんどん自分を前に出して、率先して「出る杭」になっていかなければなりません。必要に応じて抑制機能を解除して、主張すべきときはしっかり自分を主張し、アピールするときはしっかり自分をアピールしていく方向にシフトしていくべきです。

そして、そのためにぜひ取り入れてほしいのがジュガールなのです。

ジュガールは自分を抑えつけることはありません。どんどん自分の主張を前面に押し出してアピールしていきます。しかも、無用な気遣いや遠慮によって、自分の行動をためらったり先延ばしにしたりすることはありません。

〝この人と仕事をしてみたい〟とか〝このプロジェクトにチャレンジしたい〟などと思ったなら、少しも躊躇したり止まったりすることなく、ぐんぐんと前へ進んでいきます。

たとえば、もしあなたがあなたにとってＶＩＰ級の重要人物と連絡をとることになったらどうしますか？

ＣｏＣｏ壱の社長にアポ無し電話

まず、どうやって連絡をつけようかと考え、いきなり電話も失礼だろうから、まずメールを送ろうと決めて、メールの案文をつくって、よく見直してからメールを送って、何日か返事が来ていないかどうかドキドキしながら待って、それで返事が来ないと、またメールを送るか電話をするかで迷って……そんなこんなで多くの時間を費やしてしまうのではありませんか？

でも、ジュガールを使う人は、決してそんな悠長なことはしません。**相手がどんな重要人物であろうとも、「いきなり電話する」**という選択をとります。

電話はメールの何十倍もスピーディです。じかに会話をすれば、微妙なニュアンスも伝わります。それに、相手が乗り気だとか、少しは興味がありそうだとか、そういう感触や手ごたえもつかみやすくなります。

相手が誰であろうと、なんのためらいもなく、携帯電話の番号をプッシュするのです。少なくとも私はいつもそうです。

じつは、**私はインド人でありながら「カレーハウスＣｏＣｏ壱番屋」のカレーが大好物**です。**週に2、3回は食べています。**で、ある日、「このカレーの味なら、インドに店を展開しても売れるだろうな」と思ったのです。次の瞬間には、私はもう携帯電話を取り出し、**ＣｏＣｏ壱の社長に電話**をしていました。

カレーの本場であるインドに出店しようなんて一見無謀に見えるかもしれませんが、インドのカレーと日本のカレーは似て非なるもの。日本のカレーがインドで大うけする可能性は大いにあるのです。

私はアポを取りつけ、ＣｏＣｏ壱の社長と面会し、おかげさまで意気投合しました。すでに現地インドのリサーチなどを開始しており、２０１３年からは、ビジネスとして本格的に始動していく予定です。

きっとあなたは、〝そんな、いきなり電話したりして、相手に迷惑がられたりけむたがられたりしないのだろうか〟と思っているのではありませんか？　でも、真夜中や早朝に電話するわけではありませんし、こちらが想像しているほど、相手は迷惑には思っていないもの。むしろ、〝ほう、おもしろそうなやつが飛び込んできたな〟と思うに決まっています。

とにかく、多くの日本人は〝向こうの迷惑にならないか〟という心配を過剰なまでにふくらませすぎです。どうしてそんなに怖がるのか、私には不思議です。

あるいは、〝相手の迷惑になる〟というのは、本当は〝断られたらどうしよう〟〝力がないと思われたらどうしよう〟といった不安の表われであって、その不安を先延ばししたいがための口実なのかもしれません。

でも、そうやってだらだらと不安を先延ばししているくらいなら、いま思い切って相手のふところに飛び込んでしまったほうがすっきりすると思いませんか？

それに、たとえ飛び込んでみてうまくいかなかったとしても、失うものはなにもありません。**失うものはないにもかかわらず、「飛び込む」か「やめる」かで迷っているな**

ら、いますぐ「飛び込む」を選んだほうがいい。でも、「飛び込む」を選んで実行に移してみれば、必ずそこに何かの変化が生まれます。目の前の状況が進展したり、自分が人間として成長したりといった変化が生まれるのです。

それに気づいてしまえば、次はたとえもっと大きな壁が立ちはだかったとしても、余裕のある状態でチャレンジし、クリアしていくことができるでしょう。

そして、そういうチャレンジと成功を何度も繰り返していくことによって「いつでも行ける」「いますぐにでも飛び込める」という自信がついていくものなのです。

じつは「出る杭」は打たれない

ジュガールでは、遠慮、気後れ、躊躇、不安などで、自分を抑えつけることはありません。他人の眼を必要以上に気にすることもありませんし、他人の迷惑を必要以上に気にかけることもありません。

必要とあらば、どんどん自分を前に押し出していきます。

ただ、それは相手に対してズケズケとものを言ったり、相手に対して強引で失礼な態度をとったりするものではありません。

外国人から見た、日本人の短所と長所

短所	長所
遠慮がちで主張しない	キメ細やか
自分の枠にとらわれる	おもてなし
意思決定しない	こだわり

短所を克服すれば、最強のジュガリーになれる!

後の章で詳しく説明しますが、ジュガールはよりよい人間関係を構築するためのメソッドです。相手とのリレーションシップをたいへん重視しています。

もちろん、どんどん自分を前に押し出して主張やアピールを重ねていくわけですが、それはあくまで「相手との人間関係を良好にキープしながら、自分を打ち出していく」というもの。自分をアピールしつつも、〝相手はどういう考えだろうか〟〝機嫌を損なってはいないだろうか〟〝この話に興味はあるだろうか〟などと、ちゃんと相手のことを考え、相手に気を配りながらコミュニケーションをとります。

要するにジュガールは、他者とうまく共存しながら自分をステップアップさせるメソッ

ドなのです。

このメソッドを日本人が身につければ、他人への細やかな気遣いもでき、しかも、自己主張などの打ち出しもよくなって、それこそ〝無敵〟になります。

さて――

ジュガールを理解するための7つのカギも、残り1つです。ここまでで、あなたはジュガールというメソッドのおおよその輪郭がつかめてきたでしょうか。

この高揚感をぜひ味わってほしい

❼つ目のカギ「セルフ・エフィカシーを大事に育てる」

「私に不可能なことはない」

もしかしたら読者のなかには、〝そんなにうまくいくわけないよ〟と思っている方もいらっしゃるかもしれません。

でも、本当です。ジュガールを意識していると、それまでは高いと感じていたハードルを軽々と越えられるようになってきます。

ビジネスでも人間関係でもそうですが、どんな小さなことであれ、それまでできていなかったことができるようになると、人は自信を持つようになるもの。そして、そういう日常での成功体験が多くなってくると、その自信はどんどんふくらんでいきます。

私の場合もそうでしたが、ジュガールを使いはじめて自信がついてくると、ハードルの高い問題を前にしたときでも、「自分ならできる」という勇気が湧いてくるようになるのです。

ところで、私はこの「自分ならできる」という感覚を「セルフ・エフィカシー（自己効力感）」と呼んでいます。

このセルフ・エフィカシーは、ジュガールの本質を理解するうえでたいへん重要です。

なぜかといえば、「自分ならできる」という感覚を持っていると、その人の持つ潜在能力がどんどん引き出されていくからです。

本当に、この感覚があるのとないのとでは大違いで、セルフ・エフィカシーを大きくふくらませていける人は、ジュガールを使うことによって自分の可能性の扉を次から次に開いていくことができます。一方、セルフ・エフィカシーをうまくふくらませられない人は、ジュガールを使っても、いまひとつ引き出される力の幅が広がらないのです。

ですから、ジュガールではセルフ・エフィカシーを大事に育てていくことが大切なのです。ジュガールを使いはじめたくらいの時期であれば、そのセルフ・エフィカシーは、まだ〝芽を出したばかりの二葉〟のようなものでしょう。でも、「自分ならできる」という感覚にスポットを当てつづけていると、その芽はどんどん大きく成長していきます。成功体験を重ねていくことは、芽を出したセルフ・エフィカシーにせっせと水や肥料を与えるようなものでしょう。

そして、だんだんジュガールがうまく使えるようになってくると、その人のセルフ・エフィカシーもぐんぐん大きくなっていきます。背丈を伸ばし、枝葉を茂らせて、やがて立派な大木のようになっていくのです。

セルフ・エフィカシーが大木のようになれば、もうジュガールの達人と言ってもいいでしょう。達人の域にまで達している人は、それこそ「自分という人間にできないことはない」というくらいの体を包みこむような万能感を持つに至ります。

つまり、「エブリシング・ポッシブル」――セルフ・エフィカシーを大きく育てることができると、無限の可能性を自在に引き出して、すべての不可能を可能にしていくような確固たる自信が身につきます。

ウソ!?のようにチャンスが寄ってくる！

また、ジュガールがうまく回り出すようになってくると、自信がつくだけでなく、だんだん身の回りのすべてのことがうまく回り出すようになってきます。

かねてから会いたかった重要人物を偶然人から紹介されるとか、事業を拡大したいなと思っていたところへ大きなプロジェクトへの参加を打診されるとか、思いもよらずテレビ出演や出版の話が舞い込んでくるとか……。

別に企図したわけでもないのに、まるで運を招き寄せているみたいな感じで、いろいろなことがおもしろいようにいい方向へ回り出すのです。

私は、ジュガールには幸運を運んでくる側面があるのだと思います。

いつも「自分ならできる」「エブリシング・ポッシブル」と考えているような人の周りには、自然に人も集まってくるし、仕事も集まってくるものです。

あなたもジュガールを会得すれば、「エブリシング・ポッシブル」という自信をつけることができます。仕事も、人間関係も、恋愛も、お金儲けも、自分の人生のすべてのことがみんなうまくいくスパイラルをつくることができます。

そして、たとえ目の前を大きな壁で遮られようとも、その壁を軽やかに越えていくことができるようになります。

この「越える」という感じは、英語であれば「beyond（ビヨンド）」。あなたの周囲にも大小いろいろな「見えない壁」があると思いますが、日頃からそういった壁をどんどんビヨンドしていけるようになるのです。

ビヨンド・ザ・フレーム
ビヨンド・ザ・イマジネーション
ビヨンド・ザ・トラブル
ビヨンド・ユアセルフ
ビヨンド・ザ・インポッシブル

ジュガールを身につければ、あなたにビヨンドできない壁はありません。

いろんな壁をビヨンドして、自分の可能性の扉を開いていきましょう。自分のなかの未知の力を引き出していきましょう。

そして、自分の追い求めている成功や幸せを確実に手に入れていこうじゃありませんか。

第１章のまとめ

ジュガールを解き明かす7つのカギ

❶つ目のカギ「少ない力で多くの利益を得る」
❷つ目のカギ「自分の枠を超えた発想で考え、行動する」
❸つ目のカギ「やわらか頭で考えてピンチをチャンスにする」
❹つ目のカギ「シンプルに考える」
❺つ目のカギ「決してあきらめない」
❻つ目のカギ「自分を抑えつけない」
❼つ目のカギ「セルフ・エフィカシーを大事に育てる」

第2章《ジュガールをビジネスに活かす3つの必修科目》

隠された能力を10倍引き出す仕事術

印僑大富豪の教え

自分のなかの神様を起こせ！

God Inside Yourself

いいかげん、その仕事のやり方を変えませんか？

絶対に思いつかないシロモノ

陶器職人のムンサク・プラジャパティは、高校も卒業していない貧困層の出身です。彼はある日、5種類の粘土を混ぜてつくった陶器に水をかけると、8度冷えることを発見。それによって「電気のいらない陶器製の冷蔵庫」をつくることを思い立ちました。インドではいまだに電気が通じていない村がたくさんあり、ローコストで大量生産できれば多くの利益が上がるとにらんだのです。

彼の思惑通り、「ミティクール」と名づけられた簡易冷蔵庫は売れに売れ、いまや海外にも輸出されるようになっています。

「ミティクール」はテレビや新聞でも大きく取り上げられ、一介の陶工にすぎなかった彼は、いまやちょっとした有名人。ジュガールによって富と成功を勝ちえた典型例として、多くの人々の尊敬を集めています。

そう、これは第1章の「少ない力で多くの利益を得る」のところでも紹介したジュガール・ビジネスの成功例です。

あなたは「電気の要らない冷蔵庫」なんて、想像がつきますか？　**日本人の感覚だと、思いつこうにもとても思いつかないシロモノ**のように感じられませんか？　だけど、インドにおいては、こういう日本人の常識の枠では思いつかないような商品がたくさん開発されているのです。

たとえば、1台20万円という価格設定に成功したタタ・モーターズの車「ナノ」、1台3000円程度で買えるタブレット端末「アカーシュ」……。どれも日本的な常識では、ちょっと考えられませんよね。

このように、ビヨンド・ザ・イマジネーション――想像の枠を超えた発想でモノを生み出していくのはジュガールの基本です。そして、常識を超えた発想によるビジネスは、往々にしてイノベーションに結びつきます。

そもそも、イノベーションとは「昨日まで続いていた伝統や習慣を、まったく新しい視点で打ち破る力や運動」のことを指します。

©Numa

ミティクールを使っている主婦。商品にはデザイン性も追求されている。おしゃれなプロダクトは富裕層だけのものではなく、貧しくても可能な限り質の高い生活用品に囲まれ、豊かな暮らしを送ってもらいたいという開発者の信念によるものだ。

ミティクール開発者。転機は2001年に発生したインド西部地震だったという。工房が壊滅したなか、「貧困層の冷蔵庫はすべて破壊された」という新聞の見出しを見つけ、安価で頑丈なキッチンウェアをつくることを決意。彼のサクセスストーリーはBBCやディスカバリーチャンネル、フォーブス誌など世界的メディアに取り上げられている。

イノベーションというと、米アップル社のiPodなどが真っ先に挙げられますが、インドでもジュガールを活かしたさまざまなイノベーションが生み出されているわけです。

カルロス・ゴーンが奮いたった!

最近は、こうした次々にイノベーションを打ち出すインドの英知（=ジュガール）に対する欧米の関心が非常に高まっていて、アメリカでは『ジュガール・イノベーション』という本も刊行されています。

「はじめに」でも少し触れましたが、この本には**日産自動車のカルロス・ゴーンCEO**が推薦文を寄せていて、そこには、

「本書『ジュガール・イノベーション』は、（中略）どのようにして少ない元手でより多くのビジネスを実現していくかの具体的ヒントを提供してくれている。21世紀のビジネス・リーダーに読んでほしい、刺激的で楽しい読み物だ」

と書かれています。

先の章でも述べたように、ジュガールは人間の可能性をとことん追求して、効率的に多くの欲求を実現するためのメソッドです。これをビジネスに適用すれば、個人であれば必ず仕

事の実績を上げ、成功や地位、財産を得ることができます。

また、企業であれば、それまで思いもつかなかったような発想の仕事で売り上げを伸ばし、より多くの利益を上げていくことができます。

要するに、ジュガールをビジネスに取り入れると、個人にも企業にも、必ずといっていいほど、イノベイティブな変革が起こり、ひと回り大きなビジネスを展開できるようになっていくわけです。

『ジュガール・イノベーション』(原題：Jugaad Innovation, 著者：Navi Radjou, Jaideep Prabhu, Simone Ahuja 出版社：Jossey-Bass)。著者が作成した同書の要約「５分でわかる！『JUGAAD INNOVATION』」を無料でプレゼントいたします（詳細は本書の巻末へ)。

この章では、ジュガールをビジネスに活用して成功するには、どんな心得が必要なのかを述べていきたいと思います。

ただ、あまり抽象的なことばかりを書き並べてもピンと来ないと思います。ですので、具体的な事例を取り上げましょう。

日本ではジュガールがほとんど知られていないので、ジュガールによるビジネス成功事例は私の下でノウハウを学んだ研修生に限られます。ここでは、そのなかの一人、ある女性のエピソードを例にしながら、説明をしていきたいと思います。

この女性は、従来の「日本的な仕事のやり方の常識の枠」を打ち破ることでイノベイティブな成長を遂げ、着実に自分のビジネスを大きくしていきました。

ぜひあなたも、この女性のケースを自分に当てはめながら読み進めてみてください。

過去の自分をバカらしく感じた！

壁、壁、壁の毎日

「ジュガール・プラチナクラブ」のメンバーとして、私の指導の下でジュガールを学んでいた研修生に黒岩友美さんという女性がいます。

元ＣＡ（キャビンアテンダント）で、いまは「おもてなしコンシェルジュ」という肩書でイベント会社の社長をしています。

いつでもどこでも笑顔を絶やさず、礼儀正しく、どんなときも慌てることなく適切な対応ができる人。元ＣＡですから、相手の様子や心情を気遣い、気持ちよくもてなすためのホスピタリティ精神に溢れています。

また、ＣＡとして世界各国の一流のホテルが趣向を凝らしたさまざまなイベントやセミナー企画を打ち出しているのを目にしてきました。

以前から、自分でこうしたビジネスを行ないたいと考えていた黒岩さんは、ＣＡ現役のときにヒューマンネットワークサービス株式会社を立ち上げました。そしてＣＡ引退後、本格的にホテル業界をメイン・ターゲットとして、イベントやセミナーをプロデュースする仕事を行なうようになったのです。

しかし、事業はそう簡単には軌道に乗ってくれませんでした。

「このセミナー企画は絶対にヒットするに違いない」「このイベントなら日本でも必ずイケる」といったビッグ・コンテンツは山のようにあるというのに、それを実現させるためのホテル側との契約がなかなか結べません。

当時、黒岩さんはいろんなホテルの担当者にアポをとってプレゼンをして回っていました。ところが、どの担当者も「おもしろい企画ですねえ」と関心は示してくれるのですが、「今度、上司に話してみます」と言われたきり連絡がなかったり、「やってはみたいけど、いまはタイミングが悪いので」とやんわり断られたりして契約に至らないケースがほとんどだったのです。

どんなに一生懸命にプレゼンをして魅力を打ち出しても、どこも〝暖簾《のれん》に腕押し〟で、話がいっこうに具体化していきません。

そういう空回りが続き、次第に目の前に〝大きな壁〟を感じるようになっていきました。

彼女が私のセミナーに来て、研修生としてジュガールを学びはじめたのは、そのころのことです。

気にしすぎて動けない症候群

私は、黒岩さんにジュガールをビジネスに応用していくことをすすめました。

まずはその第一歩として、それまでの自分の仕事のやり方が「常識の枠を出ないものである」という〝気づき〟を促していきました。

それまでの彼女は、日本人だったら誰でも〝普通はこうするだろう〟と考えるような「手順」を踏んで仕事をしていました。まず、末端の担当者に会って話を聞いてもらって、それを上の人に伝えてもらって、会議で諮《はか》ってもらって――。そういう方法が〝誰でも通る道〟であると信じて疑わなかったのです。

でも、こうした手順を踏むとおそろしく時間がかかってしまううえ、企画の意図がうまく伝わらなかったり、時とともにうやむやになって立ち消えになってしまったりすることも多い。

しかも、このパターンの仕事の進み方には、たとえダメだったとしても〝やるだけやったんだからしょうがないか〟とあきらめざるをえないような空気も織り込まれているように感じられます。

私は、黒岩さんがそういった〝常識〟に手足を縛られていることを諭し、思い切って**もっと上の人間に直接コンタクトをとってみることをアドバイス**しました。

ただ、彼女は自分が〝縛られる必要のない常識に縛られていること〟は納得したものの、社長クラスの相手にコンタクトをとることについてはしばらく二の足を踏んでいました。

「自分のような者が直接連絡なんかして、無礼だと思われないか」

「いきなり電話して、相手の貴重な時間を奪ってしまうのは、迷惑にならないか」

といったことばかり気にして、行動に踏み出すことができなかったのです。

おそらく、元CAなので相手を必要以上に気遣ったり、一歩身を引いて遠慮してしまったりするクセが染みついていたのでしょう。多くの日本人がそうであるように、彼女も遠慮と気遣いで塗り固められた〝自分の殻〟をなかなか打ち破ることができなかったのです。

「ジュガールを使った」という感触とは？

そこで、私はちょっとだけ背中を押してあげることにしました。

黒岩さんはかねてから神戸のある有名ホテルと契約を結びたがっていたのですが、

「その有名ホテルと太いパイプを持っている人を紹介してあげるから、その人からホテルの上層部の人を紹介してもらって、契約できるようにがんばってみなさい」

とアドバイスしたのです。

また、こういうことはなんといってもスピードが大事ですから、

「２週間のうちに契約にこぎつけることができるよう、自分なりに工夫してやってみなさい」

ともアドバイスしました。

すると、どうなったか。

彼女は見事、**２週間内に契約を結ぶことに成功**しました。そのとき、うれしさのあまり、興奮気味に電話してきた黒岩さんの言葉がいまでも耳に残っています。

「わたし、ジュガールを使ったんですよね。いままではずっとなにもかもゆっくりで、会いたい人にさえなかなか会えなくて壁ばかりにぶつかっていたのに……。ちょっと勇気を出して行動に移してみただけでこんなにトントン拍子でうまくいくんですもの。

わたし、いままでいったい何を怖がっていたのか……本当に、いままでつまらないことに気を使っていた自分がバカらしく見えてくるくらいです。もっと早くこうしていればよかったんですね。いまはそれがはっきりわかりますし、いまは自分の企画にも自分の力にも、すごく自信が持てるんです」

その言葉を聞いたとき、私は黒岩さんが自分の小さな殻を打ち破り、大きな壁を越えることができたことを確信しました。まさに、既成の枠、常識の枠を飛び越え、イノベイティブな変化を遂げることができたのだと思います。

ジュガール・ビジネスを成功させる必修科目

誰でもモテモテになれる!

黒岩さんはこれをきっかけにすっかり自信をつけました。しょっちゅう電話でやり取りをしていて、いろいろ相談も受けているのですが、私が何かアドバイスをすると、「わかりました。じゃ、今度もジュガールを使ってがんばってみます」といったことも言うようになりました。

物おじせずに自分が成し遂げたいことをアピールしていけば、多くの壁を突破することができ、多くのことを変えていくことができるということを学んだようです。

それに一度、ジュガールによってきっかけがつかめると、〝もう自分は大丈夫〟と思えるようになり、考え方や行動に迷いが吹っ切れたかのような広がりが出て、いろんなことがうまくいくようになっていくものなのです。

黒岩さんの場合もそうでした。


彼女はつかんだきっかけやチャンスを決して手放すことなく、自分のために活かしていきました。紹介された人には、会ったその日のうちに〝今日はありがとうございました〟のメールを送り、次に会うときには、三越や髙島屋の包装紙にくるまれた〝ちょっとした手土産〟を持っていくことも欠かしません。

元ＣＡということもあって、もともと自分の企画の打ち出しに自信があったこともあって、彼女はそうやって紹介された人を自分のファンにしていったのです。

これも私の「ジュガール・アドバイス」のひとつなのですが、紹介された人が〝この人のためにならひと肌脱いでやろう〟という気になるような関係性を着実に築いていったわけです。

交渉相手が自分のファンになった

黒岩さんの成功例をもうひとつ紹介しましょう。

そのころの彼女は、ある外資系のホテルと契約を取りたがっていました。

相談を受けた私は、

「じゃあ、大手旅行会社の元社長を紹介するから、その外資系ホテルで会って話をしてみるといい」

とアドバイスしたのです。

さらに、

「いきなり本題を切り出すんじゃなくて、最初の30分か1時間はお互いの共通点などを話して、**相手を自分のファン**にしてしまいなさい」

ということも言っておきました。

じつは、私が紹介した大手旅行会社の元社長は、社長職を辞したのち、企業ホスピタリティの専門家としてある大学の教授をしていたのです。元CAの黒岩さんもホスピタリティにかけてはプロですから、話が合わないはずがありません。しかも、元社長が教える大学の学生には、CAにあこがれている女子学生もたくさんいたのです。

２人のミーティングはすぐに盛り上がり、「元ＣＡの黒岩さんが臨時講師として、学生に40分のレクチャーをする」という相談がすぐにまとまりました。

そしてミーティングの終盤、彼女は、

「その代わりといってはなんですが、もし差し支えなければ、この外資系ホテルのバンケットの責任者の方を紹介してはいただけませんか。わたし、ずっとこういう一流ホテルとビジネスをしてみたかったんです」

と切り出したのです。

元社長は〝そんなことおやすいご用〟とばかりにそのホテルのバンケット責任者を紹介してくれ、その外資系ホテル以外にも、多くのホテルのバンケット責任者を紹介してくれたといいます。

このあと黒岩さんは、目的の外資系ホテルとの契約を結ぶことに成功しました。また、彼女のファンが増え、彼女の人脈が広がっていくとともに、彼女の手がけるビジネスはひと回りもふた回りも大きくなっていきました。

彼女の手がけるセミナー企画やイベントの発想は斬新で、彼女はこの業界でいまや有名な存在になりつつあります。それまでの日本のホテルの企画イベントはどこも似たようなものばかりだったので、従来の枠を打ち破ってイノベーションを巻き起こしたといってもいいのではないでしょうか。

問題解決能力を磨く必修科目

さて、先にも触れたように黒岩さんは、私の行なっているジュガール・セミナーを受講し、さらに半年間のコンサルティングコースである「ジュガール・プラチナクラブ」のメンバーとなって、ジュガール・ビジネスの基本を学んでいました。では、その内容をちょっとだけご紹介することにしましょう。

まず、私のジュガール・セミナーにおいては、次の3つの要素を、成功を得るための欠かせない条件としています。

❶販売力（アピール力）をつけて、顧客を自分のファンにする
❷駆け引きのできる会話力と交渉力をつける
❸即電話、即ビジネスのスピード力をつける

これら3つは成功や信頼、富を手に入れていくために、必ず身につけておかなくてはならないジュガールの「必修科目」のようなものです。この必修科目のあとには、より成功を自分の手に引き寄せるための「実践科目」が控えています。

まずはこの3つの必修科目をみっちりと頭と体に叩き込んでしまう必要があります。あなたもジュガールをビジネスに活用したいのであれば、当面はこの3つの力をつけることにさっそく取り組んでみるといいでしょう。

いつまでペコペコを続けますか？

必修科目❶「販売力をつけて、顧客を自分のファンにする」

勝者はいつも2人

ジュガール・ビジネス必修科目の1つ目は「販売力」。これは「営業力」、「アピール力」と言い換えてもいいでしょう。

どんなビジネスでも成功を望むなら、セールスを上げたり契約を結んだりしてより多くのお客さんを獲得していかなければなりません。ただ、日本的なセールスとジュガール的なセールスでは、だいぶ違いがあります。

前にも述べたように、私は飛び込み営業のセールスをやっていた経験があります。日本のセールスは**「ペコペコ営業」が基本**です。

少しでも〝脈あり〟と思ったなら、何度でも足を運び、下手に出たりお世辞を言ったりして頭を下げ、できるサービスはなんでもやって売り込もうとします。そして、お客さんが不快に思うようなことでもあれば、**土下座も厭《いと》わず頭を下げる。**

お客さんが殿様だとすれば、セールスマンは殿様のためにいつでも控えている家来のようなもの。営業が「いつでもお客さんのために商品を卸しますよ」というサポート部隊のような存在になってしまうのです。

しかし、これでは上と下の関係がはっきりしすぎてしまい、かえって顧客との信頼関係が成立しにくくなってしまいます。お客さんの側は、本当は自分が殿様のように奉《たてまつ》られることなんか望んではいません。

むしろ、お決まりのトークで持ち上げられたり、なんでもしますという態度で控えられたりするのをうっとうしがっているといっていいでしょう。本音は、別に殿様にしてくれなくてもいいから、しつこくまとわりつかずに放っておいてほしいのです。

日本的な「ペコペコ営業」だと、こういう関係が続くうちにだんだん気まずくなっていってしまうパターンがよく見られます。


では、ジュガールではどのようなセールスを奨励しているのか。

それは、売る側と買う側が対等の信頼関係を築くことのできるセールス。**お客さんと自分が上下関係になるのではなく、お客さんと自分とがいかにフィフティ・フィフティの関係になれるかを考えていく**のです。勝ち負けでいうなら、お客さんに勝たせてばかりいるのではなく、お客さんも自分も両方とも勝利者となって、Ｗｉｎ－Ｗｉｎとなる関係を構築していくことになります。

そして、そのためにはいい顧客をつかんでいかなければなりません。なにを買うにしても、上質な顧客は目が肥えていますし、つねに信頼できる人から信頼できるものを手に入れたいと考えているものです。

そういう顧客とフィフティ・フィフティの信頼関係を築き上げ、さらにその顧客が十分に満足するサービスを提供することによって、別の上質なクライアントを紹介してもらうようにしていくのです。

よく、マーケティングの世界では、「売り上げの8割は、上質な2割の顧客によってもたらされる」といわれていますが、その言葉どおり、仕事の売り上げは、上質な顧客との信頼の絆を深めていくことによってこそ伸びていくものなのです。

デキる人は格好よさから入る！

ただ、そういった顧客との信頼関係を築くために、絶対に欠かすことのできないセオリーがあります。

それは、自分自身のバリューを高めること。知識でもファッションでも趣味でもなんでもいいから、顧客から〝この人とつき合っていれば、いいことがありそう〟と思われるような付加価値を身につけることです。

もちろん、初対面の人に対して自分をアピールする際は、「第一印象」に気をつけるようにしてください。

私はよくセミナーで**「ファースト・インプレッション・フォーエバー」**という話をします。

初対面のときに受ける見た目や振る舞い、会話などの印象はその人の脳裏に深く刻まれます。最初の数分ですべてが決まってしまうといってもいいくらいです。ですから、そのときに相手にいいインプレッションを残すための対策をしっかり練って考えておくようにするべきです。

スマートで清潔な感じのよいファッションに身を包み、顧客が興味を持っていそうな知識や趣味の話題には必ず話を合わせられるようにし、プレゼンや世間話にも笑いを盛り込んで〝この人と話しているのが楽しい〟と思ってもらえるように〝シナリオ〟をあらかじめ考えておいてください。

もちろんシナリオどおりに運ぶとはかぎりませんが、そういう準備は決して無駄にはなりません。トライ&エラーを繰り返しながら、〝自分というブランド〟の信頼性を高め、相手を自分のファンにしてしまうのです。あなたが身につけたバリューに対して相手が少しでも興味を持ってくれたなら、アピールが成功したということです。

先ほど挙げた黒岩さんも、この「ファン作戦」によってビジネスを拡大することに成功しています。

彼女が元大手旅行会社社長とホテルでミーティングしたときの話を思い出していただきたいのですが、そのとき私は「最初の30分か1時間はお互いの共通点などを話して、相手を自分のファンにしてしまいなさい」という策を授けたわけです。まずは、お互いの専門であるホスピタリティの話をすることで、大いに盛り上がったわけですね。

正直、私もこれほどうまくいくとは思っていなかったのですが、結果、その元社長は彼女に、彼が教えている大学での臨時講師を頼み、彼女には、彼女の目的としていたホテルのみならず、そのほかにも多くの有名ホテルのバンケット責任者を紹介してくれたわけです。

これなどは、対等の信頼関係を築き上げ、双方ともＷｉｎ－Ｗｉｎでビジネスを拡大することができた「ジュガール・セールス」の典型的な例といえるのではないでしょうか。

ただ、ここまでお読みになって、〝たったこれだけで毎回成功できたら苦労しないよ〟と思われる方もいらっしゃるかと思います。もちろんそうですね。だからこそ次の必修科目の内容も頭に叩きこんでいただく必要があるのです。

頭一つ二つ飛び抜けるための修業

必修科目❷
「駆け引きのできる会話力と交渉力をつける」

なぜ初めて会った内閣総理大臣と会話が弾んだのか？

誰もが相手との間に気まずい沈黙の時間をつくってしまったり、〝何を話そうか〟とあせった経験があるのではないかと思います。

しかし一方で、どんな相手ともすぐに打ち解けられる人というのはたまにいます。それを〝天性の素質〟という言葉だけで、片づけてもいいものでしょうか。

私はそうは思いません。

ジュガールでは、相手と自分の間に〝壁〟をつくりません。

たとえ相手のほうに壁があったとしても、それを乗り越えてつながっていこうとします。

いわば、ジュガールにおいては、どんな厳しい状況下で、どんな予想外の相手と話をすることになろうとも、充実したコミュニケーションがとれることを理想としているわけです。

来日した際、片言の日本語しか話せなかった私ですが、いまではどんな人とでもすぐに打ち解けることができます。実際にある場所で当時**内閣総理大臣だった方にはじめてお会いしたとき**も、旧知の仲といったら大袈裟ですが、せいぜい大好きだった親戚のおじさんに久しぶりにお会いしたときのような感覚で会話が弾みました。

なぜこんな会話力が身についたかといえば、それは修業のたまものというしかありません。いいえ、会話力を身につけるには初対面の人や見ず知らずの人とコミュニケーションを積極的にとらなければ鍛えられないものなのです。〝天性の人たらし〟と呼ばれるような人たちも、そうやって修練を積んでいることを私は知っています。

たとえば、私は飛行機に乗ったときに、いつも隣の人に話しかけるようにしています。〝いきなり話しかけたらヘンな人に思われないだろうか〟などと躊躇していてはいけません。そういうときは誰しも話し相手を求めていることが多いもの。そして、意外な共通点が見つかって話が盛り上がることも多いものです。実際、私は飛行機で隣り合わせた人と意気投合して、それがビジネスにつながった経験も持っています。

別に飛行機でなくても、バーのカウンターで隣り合わせた人や露天風呂やサウナで隣り合わせた人に話しかけるのでもかまいません。パーティや交流会などで一人でぽつんとしている人に積極的に話しかけるのもいいでしょう。

そういう〝話せそうなシチュエーション〟は「ジュガール会話力」を鍛える絶好のチャンスだと思って、積極的にコミュニケーションをとるようにしましょう。

もしインド人が家電量販店に行ったら

なぜ、日本は国際交渉でいつも負けてばかりいるのでしょうか？　外交ばかりではありません、交渉がうまい日本人よりも、下手な日本人のほうが圧倒的に多いのはなぜでしょうか？

そもそも交渉や駆け引きというのは、相手の立場と自分の立場との両方がクリアに見えていないとなかなかうまくいかないもの。

相手はこちらの何を求め、こちらは相手の何を引き出したいのか。そして、両方ともプライドを保ってＷｉｎ－Ｗｉｎの関係を成り立たせるには、どんな落としどころが想定できるのか――。

こういった交渉の全体像が見えていないと駆け引き自体が成立しません。こういう全体像が把握できていないと、自分の立場や都合をいかに守るかだけに目が行ってしまい、結果的に相手にいいように交渉されてしまうことになるわけです。

ただ、相手にいいように交渉されていては、とうていビジネスで勝つことはできません。これも会話力同様に、日本人は社会人になるまでほとんど交渉や駆け引きをする機会がないのだから、ネゴシエーションの技術がいま一歩不足しているのは仕方ありません。場数が圧倒的に足りていないのです。

では、どうすればいいのか。

わかりますよね？　答えはとってもシンプルです。

交渉や駆け引きをする機会が少ないのであれば、日常の生活でそういう機会を積極的に持つようにすればいいのです。

なかでも、**私のいちばんのおすすめは「値切り交渉」**です。

たとえば、家電量販店に行って、店員さんと値下げ交渉をしてください。通常、店頭に飾ってある展示品は安くしてくれることが多いものです。「展示品でいいから、値下げしてくれ」と言えば、きっといいトレーニングになるはずです。

最近は「他店で1円でも安ければ、値下げに応じます」というキャンペーンを打ち出している店も多いので、どんどん利用して交渉してください。

また、海外を旅行して、交渉や駆け引きの渦中に積極的に身を投じるのもおすすめです。

とくに、インドの人はみんな交渉好きですよ。

ジュガールの精神が根づいているからかもしれませんが、街中いたるところで人々が激しく交渉している光景が見られます。露店や土産物店での値切り交渉はもちろん、タクシーの運転手と運賃交渉をしたり、ホテルマンとサービスについて交渉してみたり……。あなたも「交渉や駆け引きが日常的になっている世界」にどっぷりと自分を浸してみてはいかがでしょうか。


とにかく、日本の方々には、そうやって場数を踏んで交渉慣れしていくしかありません。

〝値切り交渉なんかしたら恥をかくかも〟とか〝貧乏人だと思われるかも〟なんて考えでは絶対にジュガールを身につけることは無理です。

広い世界のなかで考えたら、交渉ひとつせずになんでも手に入ってしまう国のほうがよっぽどおかしいのです。

ですから、交渉の余地があるにもかかわらず、定価でモノを買って安穏としているようでは駄目。

ジュガールを身につけたかったら、そんなくだらないプライドや見栄など捨ててください。

愚直に取り組んでいけば、交渉の場を支配下に置き、自分で落としどころをコントロールする楽しさを味わえるようになります。

ただ、そのためにはもう一つ、日本人が苦手にしているものを克服しなければなりません。

ブレーキのない車を選ぼう

必修科目❸「即電話、即ビジネスのスピード力をつける」

成功はスピードが命

これも、多くの日本人が苦手としているところ。

先に例に挙げた黒岩さんも、この壁をクリアするのに、だいぶ時間がかかってしまいました。そう、遠慮と気遣いで塗り固められた〝自分の殻〟をなかなか打ち破ることができず、VIPクラスの相手に電話をかけることができずにためらっていたわけです。

きっと、黒岩さんと同じように、このハードルを越えることができず、あれこれ理由をつけてはプランを寝かせていたりインターバルを置いたりしている人は少なくないのではないでしょうか。

でも、私に言わせれば、**躊躇しているのは時間の無駄。みすみすチャンスを逃している**ようなものです。

ジュガール・ビジネスにおいては、**思い立ったら即行動**が基本です。

相手がどんな大物であろうとも、「この人と仕事がしてみたい」と思ったら、即電話してアポをとります。そして、会って握手をしたら、すぐにビジネスをしたくなります。せっかくのプランを寝かせたり、余計な時間をかけて検討したりすることはありません。ビジネスの成功は**スピードが命。**

では、どうすればこういうスピード力を身につけることができるのか。

まず、大切なのは発想の転換です。日本のビジネスマンには「○○しなければならない」という姿勢で仕事に臨む人が少なくないのですが、この発想で仕事をしていると、行動の出足が鈍くなり、より時間もかかって、チャンスを逃すことが多くなってしまいます。

ですから、**「○○しなければならない」ではなく、「○○したい」**という姿勢に変えてみてください。前の章で「コップ半分の水」を例に出して説明しましたが、そこに「半分の水がある」という事実に変わりがないように、「自分がこれから○○という仕事をやる」

という事実は動きません。だったら、「〇〇しなければならない」という消極的な姿勢で臨むよりも、「〇〇したい」という積極的な姿勢で臨むほうが、目の前の仕事はうまくいくに決まっています。

さらに、こうした姿勢を意識していれば、ささいなチャンスにも敏感に反応して、スピーディな行動をとれるようになるのです。

逆にいえば、そのスピードに合わせるかのように、次々に自分の目の前に新しい仕事が展開していくようになっていきます。

また、人脈もスピーディに広がり、ビジネスもスピーディに拡大していくものなのです。

ですから、印僑大富豪は例外なくせっかち。みんな時間をかけてしまったらそれだけの損をしてしまうような感覚で、片時も携帯電話を離さずにビジネスにいそしんでいます。

本当に、私を含めたジュガリー（ジュガールをマスターした人）は、いい仕事のアイデアを思いつこうものなら、すぐに体がうずきだして、即行動に移さないことにはおさまらなくなってしまうのです。

きっとあなたも、ジュガールを身につけてビジネスがうまく回転するようになってくれば、仕事を前に躊躇したり無駄な時間をかけたりしていることがいかに損なことかがわかるはず。

ラピッド・プロトタイピング手法

ジュガールでは、自分にブレーキをかけることなく、休みなく自分の可能性を追い求めていくことを基本としています。

大洋を回遊するマグロは、片時も止まることなく超高速で泳ぎつづけ、もしも止まったなら死んでしまうといわれています。それと同じように、〝止まったらおしまい〟というくらいのつもりで自分のビジネスの可能性をとことん追求していくのです。

また、ここでいうところのスピードというのは「すぐに取り掛かる」という意味以外に、「直線的に進む」という意味があることも覚えておいてください。

たとえば、あなたの会社が何か新しい製品を開発することになったとしましょう。

おそらく西欧諸国や日本の企業は、莫大な金額を湯水のごとく研究開発プロジェクトに使い、何回も会議や研究を繰り返すことでしょう。その挙げ句、下手をすれば数年たって完成した新製品をようやく市場に出していく……、というのが大半の流れなのではないでしょうか。

私から見ると、お金も時間もかけて売れるかどうかわからないような新製品を出すというのは、ほとんど博打のように感じてしまいます。

しかし、ジュガール・イノベーターは、時間のかかる研究開発プロセスを用いません。ラピッド・プロトタイピング手法（製品開発において、敏速に試作することを目的とする手法）という直線的な手法を取り入れています。

具体的には、顧客と密接に協同し、顧客からの絶え間ないフィードバックを利用しながら、製品の質の向上に照準を合わせていくのです。これなら、顧客のニーズを読み間違えることはありません。

たとえば、スタンフォード大学卒業生でEmbrace社の共同設立者であるジェーン・チェン（Jane Chen）とラウル・パニカー（Rahul Panicker）は、乳幼児の死亡率の高さが問題となっているインドの農村部において、持ち運び可能な保育器という画期的な製品を生み出しました。

村の小児科医や患者と密接にコンタクトをとって作業を進めることで、性能を繰り返して最適化していったのです。

ちなみにこの製品は、西欧諸国で販売されている保育器（一般的な価格は約2万ドル）の5パーセント以下のコストを実現しています。

このように、確実にニーズに応えるものへ直線距離で進むのも、ジュガール的なスピードの発想といえるのです。

では、寄り道せずにこのままスピードに乗って、第2章のエンディングに向かいましょう。

ジュガールの使い道

ジュガールをビジネスに取り入れると、一人の人間としても、ひとつの企業としても、以前とは見違えるような成長と変化がもたらされます。

旧来の殻を脱ぎ捨てて「脱皮」を果たし、自分でも信じられないような変身を遂げることができるのです。そして、ひと回りもふた回りもたくましくなった姿で、無限の可能性を秘めた大空へと飛び立っていくことができるのです。

私は今後、日本人がジュガールを仕事に取り入れるようになれば、多くのビジネスマンや企業がイノベイティブな変貌を遂げるだろうと考えています。

私にはその変わっていく姿が目に浮かびます。

きっと、従来の常識的発想ではとうてい考えられなかったような、斬新で素晴らしいアイデアが次々に飛び出すようになるでしょう。

それに、アイデアを思い立ったら即電話をするようなスピーディな行動をとる人もどんどん増えてくるでしょう。

遠慮せずに自分のバリューをアピールしたり、駆け引きや交渉を得意にしたりする人も多くなっていくでしょう。

人々の顔は自信にあふれ、自分が近い将来大きな成功をおさめることを疑わないようになるでしょう。

そういうふうに、縛られていた手かせ足かせから解き放たれて、多くのビジネスマンが躍動しはじめるのではないでしょうか。

でもその前に、このあと第3章で、もっと高度な意識改革とテクニックを習得しなければなりません。

そうしなければ、本物のジュガリーにはなれません。

でも大丈夫だと私は信じています。ここまで読みすすめてきたあなたならきっとジュガールを身につけることができるはずです。

第２章のまとめ

ジュガールをビジネスに活かす3つの必修科目

必修科目❶「販売力をつけて、顧客を自分のファンにする」
必修科目❷「駆け引きのできる会話力と交渉力をつける」
必修科目❸「即電話、即ビジネスのスピード力をつける」

第3章

《「ジュガリー」になるための4ステップ》

幸運を呼び込むジュガール・マインド

印僑大富豪の教え

小さな成功体験を日々つくっていく

Cycle of Small Success for Big Success

明日から使える
マインド・イノベーション

頭で理解するジュガールに価値はない

ここからは実践編です。

ジュガールを学んでさなぎから蝶へ脱皮することができたとしても、ジュガールを上手に使いこなせなければ、うまく大空を渡っていくことはできません。その空ではどんなトラブルやアクシデントが待ち受けているかわかりません。

だから、いつなにが起こっても慌てずにジュガールを発揮できるように、心と体にしっかりと使い方のノウハウを叩きこんでおく必要があるのです。

トライ&エラーを繰り返しながらトレーニングを重ね、いろいろな技術やコツを学びつつ、着実にステップアップをしてください。

4つのトレーニングメニュー

第3章では、ジュガールをあらゆる場面や瞬間で使いこなすために必要なトレーニングを次の4つのステップに分け、それぞれの段階ごとに習得すべき技術やコツを紹介していきたいと思います。

第❶ステップ　ジュガールを強く意識する
第❷ステップ　ポジティブ・パラダイムに入る
第❸ステップ　キーワード・マネジメントを習慣にする
第❹ステップ　周りの人やチャンスの力を借りて、いい流れに乗せる

目の前でどんなアクシデントが起ころうとも、臨機応変にジュガールを使えるようになるにはいったいどういう準備が必要なのか。

ビジネスでも人間関係でも、やることなすことのすべてが次々にうまくいくようなジュガールの成功パターンに入るにはいったいどういうワザが必要なのか。

こういったこともこれら4つのステップをクリアすれば自然にわかるようになります。

私は、これらのステップの第４段階まで進むことができれば、ジュガールという人生もビジネスも驚くほど好転するマインド・イノベーションを、あなたが、明日から十分に活用できるものと確信します。

行動しなければ世界は変わらない

知ったかぶりほど使えない

実践編に入る前にジュガールを学ぶ際の大事な注意点を述べておきたいと思います。

それは、「言われたことを素直に実行する」ということ。

あなたは、自動車の運転免許取得で実技教習を受けるとき、技術を早く習得するためにいちばん大切なことは何だと思いますか？　それは教官の言うことを素直に聞いて実行することなのではないでしょうか。

ジュガールでも、この点がたいへん重要になってきます。

それというのも、**ジュガール・セミナーの参加者のなかにも、セミナーで学んだことをなかなか実行に移さない人が何人かいらっしゃる**のです。

そういう人たちは、学んだジュガールの知識を、評論家か何かのように頭で分析したり評価したりしている傾向があります。そして、ジュガールの素晴らしさについて頭で納得はしていても、なかなかそれを試してみようとしない。

「こうすればいい」ということが頭ではわかっているのに、それを脳の知識のストック棚にしまい込んでしまって、実際の日々の生活で活用してみようとしないのです。

これでは、ジュガールの効果が表われるはずがありません。

何事もそうですが、頭のなかで考えているだけでは何ひとつ前に進みません。知識やテクニックを頭のなかに詰め込んでいたとしても、使わなければ宝の持ちぐされ。

「どういうものか知っている」と「実際にやったことがある」との間には、１００億光年の差があります。学んだ知識やテクニックは、実際に行動してみて〝ああ、こういうものだったのか〟という感覚を体感しないと、なかなかしっかりと身についていかないのです。

ジュガールもそう。教わったことを実際に試してみて、毎日の仕事や生活でトライ＆エラーを繰り返してみないことには、なかなかステップが進みませんし、いっこうに結果らしい結果が表われてきません。

ですから、言われたことを忠実に守って実行に移していく〝素直さ〟がとても大事になってくるのです。

売り上げが４億になった与沢翼氏へのコンサルティング

私のセミナーの研修生でも、言われたことを素直に聞いて実行に移す人はグングン伸びます。

私はジュガール・セミナーの個別指導コースの研修生に対して、「１カ月以内に○○を実現するようにしてください」「この業界の○○さんを紹介するから、会って○○について相談してみてください」といった具体的なアクションプランを提示しているのですが、言われたとおりにプランを実行する人はどんどん結果を出してステップアップを果たしていきます。

いい例があるのでちょっとご紹介しておきます。

私がコンサルタントを務めさせていただいている方々の一人に与沢翼さんがいらっしゃいます。アフィリエイトなどの情報ビジネス界ではとても有名な方なのでご存じの方も多いことでしょう。

与沢さんは私のことを「メンター（師匠）」と呼んでくれていて、相談を受けた際には、私はさまざまなジュガール・アドバイスを提供しています。昨年（2011年夏）お会いしたときには、こんな相談を受けました。


当時の与沢さんはアフィリエイトによって月4000万円の収入があり、ある意味安定はしていました。ただ、このまま安定の上にあぐらをかいて**「ただの収入が多い個人」**として生きていくのもつまらないし、新たに会社を立ち上げてもいいけど、かつてのハードな日常に戻るのもためらわれる。

そういう事情で、この先どうしたらいいものかと悩んでいたのです。


私は与沢さんに対して次のようなアドバイスをしました。

まず、アフィリエイトの情報ビジネスはこのまま続けて、その一方で起業もする。そして、起業の際はマネジメント能力のある人と組んで、自分の負担をなるべく減らすようにする。

さらに、情報ビジネスのほうも、このままでいるとコンフォートゾーンに入って成長が難しくなってしまうので、多くのトラフィックを持っている企業や個人と組んで、伸びしろのあるサクセスゾーンをつくっていく。

そういう成長戦略を持ってビジネスを展開していってはどうかと話したのです。

結果、どうなったと思いますか？

与沢さんは、私の提示したアクションプランを逐一実行に移して事業を拡大し、収入を何倍にも増やすことに成功しました。先の相談を受けてからたった1年しかたっていないというのに、なんと、４００万ものトラフィックを持っている企業との協力関係をつくっていました。

与沢さんの事業の売り上げはとうとう**月4億円**の大台に乗り、つい先日、日本に1台しかないロールスロイスを**現金7000万円**で購入したことでマスコミの話題にもなりました。もちろんこれは、ブランディングのための彼の計算なのでしょう。

いかがでしょう。「素直に実行に移す」ということの大切さがおわかりいただけましたでしょうか。

ですからあなたも、ジュガールの実技教習にあたっては、教官の言うことを素直に聞き入れて実行に移すようにしてください。

本当にあまり深く考えず、愚直に手足を動かしていくくらいのほうがいい。〝ここは頭を動かすよりも、体を動かすほうが大事〟というくらいに開き直って行動してみてください。そのほうが実技教習のステップも早く進むし、ジュガールの結果も早く出るようになるはずです。

ちなみに、与沢翼さんに対する私のコンサルティングの模様は「公開コンサル」動画として、巻末に記されたURLにアクセスするとご覧いただけます。ご興味のある方、もっと詳しく知りたい方は、ぜひそちらにアクセスしてください。

一番難しいアドバイス

ステップ❶「ジュガールを強く意識する」

ジュガールを使うと失敗する!?

「ジュガールを強く意識してください」と言ったところで、ピンとこない人が大半だと思います。

〝ジュガールの本なんだから意識するのは当たり前。いまさら言われても……〟あるいは、〝抽象的でつかみどころがないアドバイスのように聞こえるし……〟といった気持ちになっていませんか？

もちろん、私も印僑大富豪にはじめてジュガールの指導を受けたときに、同様の気持ちになりました。〝えっ!?　意識するだけなら簡単じゃないか。それだけでうまくいったら苦労しないよ〟と思ったものです。

しかし、だからこそこの実践編の第❶ステップは侮れないのです。

なにを隠そう、私の場合も、ジュガールを習得しはじめた最初のころは、この段階で苦労した覚えがあります。その経験をお話ししましょう。

私はなにをやってもうまくいかなかったころ、印僑大富豪から「ジュガールを使いなさい」と言われて一念発起したわけですが、正直言って、当初はどうすればジュガールを使いこなせるようになるのか、よくわかっていませんでした。でも、そのころはなにしろ藁《わら》にもすがる状態だったので、「とにかく、目の前で起こることに対してはなんでもジュガールを使ってやろう」と心に決めました。

ケンカを仲裁しようとしたり、誰かが困っていたら助けてあげたり、今になって考えてみると、それがジュガールなのかどうなのかもよくわからないまま、やみくもにスタートしたわけです。

ただ、当然の結末というべきか、そうした私のチャレンジはカラ回りしてばかりで、なかなかうまくいきませんでした。

一生懸命やっているのに、なぜか、一人でドタバタしてしまう。ジュガールを使ったつもりがかえって話がこじれてしまったり、けんかがますます大きくなってしまったりという失敗も少なからずありました。

〝何が間違っているんだろう〟〝どうしてうまくいかないんだろう〟と悩んでしまったこともあります。

なぜそんな状態に陥ったのか、答えをお伝えする前に、スポーツ選手が取り入れている「メンタルトレーニング」について考えてみましょう。

スポーツ選手であれば誰しも自分の行なう競技でいい結果を出したいと願っています。オリンピックの柔道選手であれば、相手に勝ってメダルを獲りたいと思っているでしょうし、インターハイの陸上選手であれば、少しでも記録を伸ばして順位を上げたいと思っているでしょう。

でも、あまりに「勝ちたい」「順位を上げたい」という結果にとらわれてしまうと、かえって成績が伸びなくなることが多いもの。自分の都合や目の前のことばかりにとらわれてしまうと、余計な力が入ったり緊張したりして、いつもどおりの冷静なパフォーマンスができなくなってしまうものなのです。

ジュガールの意識の持ち方も、これに近いものがあるのです。

先ほどの私の例であれば、カラ回りしていたころの私は「早くジュガールを使って結果を出さなければならない」という自分の枠にとらわれ、目の前の状況しか視界に入ってこなかったのです。「勝ちたい」「結果を出したい」という焦りから視野を狭めてしまい、かえって調子を落としてしまうスポーツ選手と同じ状況に陥っていたわけです。

なぜ人間には目が2つあるのか?

日本には「木を見て森を見ず」という言葉がありますね。これは、目の前の状況だけに固執してしまうと、全体がどうなっているかを見失ってしまうという意味。いわば、会議や打ち合わせの席で、一人の相手との会話に熱中してしまって、その場全体のなかでの自分の果たすべき役割を見失ってしまうようなものです。

また、逆に「森を見て木を見ず」という場合もありますが、こちらは、全体の状況にこだわっていると、目の前で起こっていることの重要性に目が行き届かなくなるという意味。会議や打ち合わせの例でいえば、全体の進行状況に気をとられてしまい、目の前の相手の重要発言を聞きもらしてしまうようなものでしょう。

要するに、ジュガールを意識するときは、「木を見て森を見ず」でもいけないし、「森を見て木を見ず」でもいけない。「木」も「森」も両方ちゃんと見て、**目の前のことに集中すると同時に、つねに大きな世界を感じ取っている必要がある**わけです。

時には局所的に、時には大局的にスポットを当てながら、重要なキーワードを探し当て、どういうソリューションが考えられるかをサーチしていく――。

そうすると、「枠」のとらわれがはずれやすくなり、誰も考えなかったようなところから常識を超えた解決策を取り出しやすくなるのです。

だから、誰かとコミュニケーションをとるような際も、目先の会話だけではなく、全体状況を意識していなくてはなりません。

目先の会話に集中する一方で、〝いまこの人と話すべきいちばん大切なことは何なんだろう〟〝この人との関係をより発展させるには何が必要になるのだろう〟といった全体のことを常に意識するよう心がけてください。

目先の会話だけにとらわれていると、その相手と〝お決まりの枠内の関係〟をキープするだけで終わってしまいがちですが、こういう大局的な意識を持ちながら話していると、そのコミュニケーションが〝枠を超えた〟ものになって、関係性をより発展させやすくなります。

もちろん、第1章、2章で学んだジュガールの考えをいつも頭の中に浮かべることも忘れないでください。よりいっそう「枠」にとらわれずに、効果的かつ魅力的なジュガールを発揮しやすくなります。

「心の筋肉」って何？

私の場合も、こういう意識で冷静にものを見るようになってから、だんだんジュガールらしい力を出せるようになっていきました。

ぽつりぽつりとではありますが、「あ、うまくいった」「よし、問題解決。次もこの調子でいこう」「このジュガールはまた使えそうだな」といったジュガール成功体験が増えてきたのです。ちゃんと意識して行動できるようになると、おのずと結果もついてくるようになるわけですね。

また、そういう「いい結果」が表われるようになってくると、よりいっそう「意識した行動をとろう」というモチベーションが高まって、一生懸命努力するようになっていくものなのです。

あとはどれだけジュガールを意識しつづけられるか。

私は、いまでこそとくに意識しなくとも自然にジュガールを使えるようになっていますが、学びはじめのころは、意識づけのトレーニングを徹底していました。

ものを値切って買うにしても、誰かに用事を頼むにしても、見ず知らずの人と会話をするにしても、どんな小さなことであろうとも、ジュガールを強く意識して行動することを肝に銘じていたのです。

「意識する」感じをつねに頭の隅に置いて、目の前で起こる出来事には必ずジュガールで対応する。本当に、寝ている時間以外は〝ジュガール漬け〟のようなものです。

不思議なもので、四六時中ジュガールを意識していると、自分の目の前でトラブルや厄介事でも起こった日には〝待ってました〟とばかりにジュガールを使いたくなります。そういうふうに「意識して行なう行動」を毎日繰り返しながら、ジュガールを頭と体に覚え込ませていったわけです。


とにかく、メンタルトレーニングというものは、こうした「意識して行なう行動」を何度も何度も繰り返して、脳と体に刷り込んでいってしまうのが一番です。その「刷り込み」が浸透してくれれば、いつしか「ジュガールを意識する」ということが自分の一部のようになって、ことさら意識しなくとも自然にジュガールのことを思い浮かべるようになります。

もっとも、そこまでになるには、多少の時間が必要かもしれません。人にもよりますが、この「ジュガール・メンタルトレーニング」に数カ月から半年くらいの時間を要する人もいます。

決して焦ることなく、じっくり取り組んでいただきたいのですが、このメンタルトレーニングをより促進するための〝心のつくり方〟があります。第❷ステップでみなさんにご紹介しましょう。

「心」と「情報」と「人」の選び方と捨て方

ステップ❷「ポジティブ・パラダイムに入る」

ヨガが生まれた国のメンタリティ

突然ですが、「インド」というとどんなイメージをお持ちでしょうか？　カレー？　ガンジス川？　ブッダが悟りを開いたところ？

日本もそうですが、インドにはさまざまな神様がいます。そしてご存じのとおり、ヨガが生まれた国でもあります。だからインド人は、スピリチュアルなものを積極的に受け入れる民族性があります。

ここでお伝えするステップ❷「ポジティブ・パラダイム」は、心理学に近いものかもしれませんが、非常にインドらしいというか、ジュガールらしいというか、〝心のつくり方〟の実践編になります。

ポジティブ・パラダイムとは、「ポジティブな考え方や行動のパターン」というような意味合いです。ですから、ポジティブ・パラダイムに入るというのは、簡単にいえば「自分の考え方と行動をポジティブ・パターンのサイクルに入れる」ということ。

また、ポジティブ・パラダイムの反対語は、「ネガティブ・パラダイム」です。ネガティブ・パラダイムに入るというのは、「自分の考え方や行動がネガティブ・パターンのサイクルに入る」ということを表わします。

ところであなたは〝自分がうまくいっているパターン〟のとき、身の回りに起きた出来事や現象をなんでもポジティブに考えることはありませんか？　仕事の調子もよく、いろんなことが気分よく回っているときは、庭の花が咲いても〝いいことが起こる前兆だ〟と思ったり、電車の席に座れなくても〝最近運動不足だから、立ってたほうがいいってことだな〟と考えたり……。そういうふうに、なんでもポジティブに捉えることが多いのではないでしょうか。

反対に、〝このところうまくいかないなあ〟というパターンのときはどうでしょう。あなたは、身の回りに起きた出来事や現象をネガティブに捉えがちではありませんか？

じつはこれ、「逆もまた真なり」なのです。

どういうことかというと、ポジティブなことばかりを考えて行動していると、いろいろなことがうまくいくサイクルに入りやすくなる。一方、ネガティブなことばかりを考えて行動していると、なにをやってもうまくいかないサイクルに入りやすくなる。

要するに、普段からポジティブなことにフォーカスしていると、自分をポジティブ・パラダイムにシフトするようになり、より成功のサイクルに入りやすくなって、反対にネガティブなことにフォーカスすると、ネガティブ・パラダイムに入って成功のサイクルから外れてしまうのです。

では、どうすればポジティブなことにフォーカスしポジティブ・パラダイムに入ることができるのでしょうか。

それには、次の5つのソリューションを実践するのが有効です。順に学んでいくことにしましょう。

1．まず、朝起きたら

自分をいちばんリセットしやすいのは朝です。朝起きたら、その日の自分の考え方と行動をポジティブにシフトするようにしてください。

たとえば朝、〝ああ、今日も嫌な一日が始まった〟と思うか、〝今日も素晴らしい一日が始まる〟と思うかで、どちらのほうがその日の仕事のパフォーマンスが上がるかは、説明するまでもないでしょう。

朝起きたら、自分がとらわれている考え方や行動を見なおして、極力ポジティブな方向へシフトチェンジしなければならないのです。ちなみに前日の夜、眠りに落ちる直前まで〝明日の朝はいい気分で起きるぞ〟と意識していれば、たとえ眠い目をこすりながらでも、翌朝はシフトチェンジしやすくなります。

また、朝だけに限らず、モチベーションが落ちそうになったときやネガティブな考えに支配されそうになったときは、意識的に考え方や行動をポジティブなサイドに切り替えることが大切です。

ポジティブ・パラダイムに入るには、いつでも瞬時にこういう切り替えができるようにしてください。

2. あなたが選ぶべき情報

たとえ考え方や行動をポジティブにキープしていたとしても、暗いニュースや嫌な情報は目や耳に飛び込んできます。そうすると、どうしても気持ちがネガティブな方向へ傾きやすくなってしまいます。

日本のマスメディアは、テレビも新聞も暗いニュースばかりを大きく扱いすぎです。テレビのワイドショーでも新聞の社会面でも、誰それが殺されたとか、火事で小さい子どもが犠牲になったとか、オウムの誰それがとうとうつかまったとか、芸能人の誰それが借金で苦しんでいるとか……。そんなネガティブな情報ばかりを次から次に流しています。

私はネガティブ・パラダイムに入るのを防いで、ポジティブ・パラダイムに入っていくためには、自分に入ってくる情報を取捨選択する必要があると考えています。テレビや新聞が流しているネガティブな情報に関しては、意識的に目や耳を塞いでください。嫌な気分にさせられる暗い情報を知ったところで、ろくなことはありません。

実際、私はいつもテレビで嫌な事件や暗い話題のニュースが流れそうになると、すぐにチャンネルを変えます。また、インターネットの「2ちゃんねる」など、誹謗《ひぼう》や中傷などのコメントの多いサイトは極力見ません。

いろいろな情報があふれかえっている現代においてポジティブ・パラダイムを維持していくには、こういう姿勢を貫くことが不可欠です。

3. 人の取捨選択

暗いものは暗いものを引き寄せ、明るいものは明るいものを引き寄せる――この法則は情報だけではなく、人にも当てはまります。

人はつき合っている仲間に影響されます。だから、なるべくネガティブな人と交流するのを避け、自分がインスパイアを受けるようなポジティブな人と積極的に交流するようにしましょう。

日本では妙な〝仲良し意識〟が浸透しているため、こんなことを言うと〝誰とも仲良くしなきゃ〟と反論する人も多いのですが、それは間違いです。

この世の中、悪い人も嫌な人もたくさんいることに疑問の余地はありません。だからこそ、その暗さや悪に染まらないよう、つき合う人はちゃんと選ぶべきです。

セミナーなどでは、私はよく「ポジティブな人と5人つき合ってみてください」「ネガティブな人を1カ月避けてみてください」といったアドバイスをしています。こうしたアドバイスを実行した人のなかには、劇的に性格がポジティブに変わった方もいらっしゃいます。

あなたもご自身の交友関係を見直して実践してみてください。

4．好きになると仕事がデキる

前の章で、自分の仕事については「〇〇しなければならない」と考えるのではなく、「〇〇したい」と考えたほうがいいということを述べました。

ポジティブ・パラダイムに入るには、「自分のやるべきこと」を好きになることがたいへん大事です。これから取りかかる仕事がどんなにたいへんでめんどうなものであろうとも、好きでやっているんだと思えば苦になりません。

逆に、「嫌だ、嫌だ」とばかり考えていると、どんどんネガティブ思考へ入っていき、しまいにはネガティブ・パラダイムから出られなくなってしまいます。

だから、たとえ「嫌だ」という思いが頭をかすめたとしても、「好きだ」という思いを上塗りするようにしてネガティブ思考を掻《か》き消してしまってください。

そういう心の習慣を持っていると、どんな仕事に対しても気持ちよくラクに取り組めるようになり、ポジティブ・パラダイムに入りやすくなるのです。

5. ポジティブな環境

私は重要なミーティングをするときは、いつも一流ホテルのラウンジを利用するようにしています。

そういう場所には、いい空気が流れているし、明るい日差しも射してくる。人々の顔つきも明るいし、にぎやかな活気もある。清潔できれいだし、飲み物や食べ物もおいしい。すべてが人を気持ちよくさせるポジティブな要素で満たされているのです。

ピュアに調和された空間でミーティングを行なうと、会社の暗くて狭い会議室で行なうよりも、ずっといい内容の話ができます。リッチな空間ではリッチなアイデアが浮かぶものなんですね。

でも、こういうふうに、いい場所や環境を選んでセッティングしている人は、まだまだ日本には少ない気がします。

せっかくポジティブな気分で朝を迎えても、ぎゅうぎゅう詰めの満員電車に揉まれたうえに、暑くて狭苦しい小部屋で朝イチの会議を迎えるとなったら、ポジティブ・アベレージもガタ落ちしてしまいかねません。

つまり、ポジティブ・パラダイムに入るには、ポジティブな環境に身を置くことが大切なのです。人の考え方や行動は、どんな場所に身を置くか、どんな服を着て人に会うか、どんな音楽を聴くか、どんな飲み物や食べ物を摂るかといった外的要因にも大きく左右されます。

自分が好きなものや心地いいと感じるものに囲まれた環境ではポジティブな考え方や行動ができますし、自分が嫌いなものや粗悪なものに囲まれた環境ではネガティブな考え方や行動に傾きます。

だから、できるだけ自分がポジティブでいられる〝いい状態〟をキープできるように、場所や服装、音楽、飲食などをうまくセッティングしてください。

私の場合であれば、大事な仕事先に自分の車で赴くときは、カーオーディオで山下達郎やノリのいいクラブミュージックを聞くようにしています。よく「インド人なのに山下達郎が好きなの?」とびっくりされるのですが、私にとっては爽やかな元気とパワーをもたらしてくれる大切なポジティブ・ミュージックです。

そして、こうしたソリューションによって、いつでもポジティブ・パラダイムに入れるようになったなら、第❷ステップは終了です。

「自分がうまくいくときの流れ」「自分が成功するときのパターン」というものは、たいていの人はなんとなくわかっているはずです。その〝なんとなくわかっている感覚〟にスポットを当てながら、毎日、少しでも長く〝自分のポジティブ・ランド〟にいられるようにがんばってみてください。

「1日5回はポジティブな会話をする」「1日3つのポジティブをつくる」「1日1冊ポジティブな本を読む」といったように、自分なりの目標をつくって取り組んでいくのがおすすめです。

開かずの扉なんてどこにある？

ステップ❸「キーワード・マネジメントを習慣にする」

もっとも大切なワザ

第❸ステップは「キーワード・マネジメント」です。

これはジュガールを使いこなすには欠かすことのできない〝もっとも大切なワ

ザ〟といっていいソリューションです。少し詳しく説明しましょう。

第1章で、ジュガールとは「算数の図形問題を解くときに一本の補助線を引くようなものだ」という説明をしました。「一本の補助線」というキーを見つけることができれば、それまで難しそうに見えた問題もとたんにやさしくなって、スムーズに答えを見つけることができます。

キーワード・マネジメントとは、その「補助線＝キーワード」を見つけていく作業のことを指します。

どんな問題にも、その問題を解くにはポイントとなるキーが存在します。難攻不落のお城を攻め落とすのにも、話がこじれて破談になりそうな契約をまとめるのにも、怒っている恋人の機嫌をよくするのにも、初対面の人とうまく話をするのにも、その問題が成功へとターンするには必ずキーワードが存在しています。

そして、そのキーワードを見つけられるかどうかが、目の前の問題がうまくいくか、うまくいかないかの大きな別れ道となるのです。

また、正しいキーワードをうまく見つけることができるようになれば、それまでの何倍もジュガールを発揮しやすくなります。そのジュガールの力によって、あなたはビジネスの壁を次々に乗り越えて、成功のステップを上り、人間関係の面でもたくさんの人と信頼の絆を結んで、人脈を広げていくことができます。

一方、キーワードをうまく見つけられないと、ジュガールを使いこなすことができません。

このようにキーワード・マネジメントは、まさにジュガールをマスターできるかどうかのカギを握っているのです。キーワード・マネジメントを習得できればジュガリーへの道がぐっと近づきます。

では、このキーワード・マネジメントとは、具体的にどのようなものなのか。主な４つの特徴を挙げながら説明していくことにしましょう。

1. あなたは本当のあなたか？

キーワードはあらゆる問題に存在します。目の前の仕事にも、目の前の相手との会話にも、目の前で起こったトラブルにも、必ず問題を解くためのキーワードがあるのです。

ただ、解決すべきは、自分の「外側」で起きている問題だけではありません。自分の「内側」にも解決しておくべき問題があります。

すなわち、キーワード・マネジメントを実践するには、「自分の内面」に光を当てて、「自分とはどんな存在か」というキーワードを見つけておくことが大切になってくるのです。

そもそも、人間にとって自分という存在は、最大の謎のようなもの。おそらく、〝自分のことならなんでもすべてわかっている〟という人は少ないはずです。

もっとも、自分が守りたいものとか、愛しているものとか、好きなスポーツや食べ物とか、気に入っている考え方や行動のパターンとか、〝自分ってこういう人間なんだな〟という自覚は、誰もがなんとなく抱いていることでしょう。

そういった自分の特徴や傾向のいい部分を**〝自分が打ち出すべきキーワード〟**として、どれくらい深く自覚できているかがとても大事なポイントになってくるのです。

ちょっとだけ、あなたも自分の胸に手を当てて考えてみてください。

〝自分はこれだ〟〝自分はこれで行くんだ〟〝自分はこれを求めていくんだ〟という「自分自身のキーワード」がわかっていれば、それを打ち出すことによって自分をアピールしやすくなりますよね。そういうふうに自分をアピールできれば、仕事や人間関係をはじめ、人生のさまざまなつながりのなかで「自分」の存在を際立たせやすくなります。

そして、たとえ人生の半ばで壁や困難にぶつかったとしても、迷うことなく自分の信じる道を突き進んでいくことができます。


自分のキーワードがわかっていて、それを素直に打ち出せるようになると、壁や困難がより乗り越えやすくなり、自分という人間をより成長させやすくなっていくのです。


大多数の人は自分のキーワードを深く突き詰めることなく、宙ぶらりんのままにした状態で人生を送ってしまっています。

中途半端な状態のままだと、いざというときに迷いが生じ、自分が進むべき道を見失ってしまったり、チャレンジをあきらめてしまったりということにつながりがちです。

ですから、そうならないように一度しっかりと自分自身を見つめ直し、〝自分とはこれだ〟というキーワードを見極めておく必要があるのです。

自分のキーワードを知るには、過去の人生を振り返り、うれしかったことや感動したことにスポットを当てながら、ノートや手帳などにそのキーワードを書き出してください。

ただし、自分のなかでは、〝これしかない〟〝これこそ自分のキーワードだ〟と考えていても、それが単なる思い込みにすぎず、他人が客観的に見たらまったくお門違いの方向に進んでしまっているような場合もあるのです。

だから、自分のキーワードを見つける作業を行なう際には、一度、身近な人やコンサルタント、メンターと呼べる人に意見を求めてみてください。〝わたし、いずれこの道に進みたいのですがどう思いますか？〟〝こういう方向を打ち出そうと思っているんだけど向いているでしょうか？〟といったように、そうした方々に意見を求め、評価してもらうようにしてみてください。

そういうふうに評価してもらうと、いままではまったく見えなかった意外な自分のキーワードが浮かび上がってくるのです。

あなたもぜひ、自分をいま一度見つめ直し、「自分を成長させるためのキー」を見つけ出すようにしてみてください。

2. 相手のかゆいスポット

自分のなかに「自分では気づいていないキーワード」があるのと同じように、相手にも「自分では気づいていないキーワード」や「気づいてはいても普段はあまり表に出していないキーワード」があります。

キーワード・マネジメントでは、それをうまく探り当てていくこともたいへん重要です。

そのキーワードは、「相手のかゆいところ」と言い換えられます。誰にとっても〝なかなか手が届かないんだけど、背中のこのあたりを掻いてもらえると気持ちいい〟という「かゆいスポット」が存在します。

もし、そういうスポットをこちらが的確に見つけ出して掻いてあげることができたなら、相手は間違いなく喜んでくれます。

だから、そういう「相手のかゆいスポット＝キーワード」を会話やつき合いのなかから見つけて引っ張り出してください。

たとえば、これまで何回か一緒に仕事をしたことのある人とティータイムに打ち合わせをしたとしましょう。

その人が紅茶とクッキーを頼んだとしたら、「甘いものがお好きなんですか？」と聞いてみる。

その人が「いや、本当は甘すぎるお菓子よりも、スコーンのようなシンプルな菓子のほうが好きなんですよ」と言ったとしたら、「じゃあ、イギリス風の食事がお好きなんですか？」と聞いてみる。

そこで「ええ、じつは2年間留学していたことがありまして」という答えが返ってきたとしたら、それがきっかけでイギリスがらみのビジネスに発展していくかもしれません。

そういうふうに、いろいろと水を向けながら、相手が大切にしていそうなものや、相手がやりたいと思っていること、相手が飛びつきそうなものを引き出しつつ、「かゆいスポット」を探し出していくわけです。

おそらく〝なんだ、そんな簡単なことか〟と思っている方もいらっしゃるかもしれません。

でも、親しくつき合っている相手であっても、その人のキーワードをこちらがほとんどわかっていないまま、ビジネスをしていたり交流をしていたりするケースは結構多いものなのです。

あなたも親しくしている相手に意外な趣味やスポーツの経験があることを知って〝へえ、

そうだったんだ〟とびっくりさせられたことはありませんか？　また、〝もしもっと早くそのことを知っていたら、あの仕事を彼に頼むところだったのになあ〟といった後悔をしたことはありませんか？　さっきの例でいえば、もし「イギリス好き」「イギリス留学経験あり」というキーワードが前もってわかっていれば、その人に「ロンドンオリンピックがらみのビジネス」を頼めたかもしれません。

このように、相手のキーワードがちゃんと把握できていると、ビジネスや人間関係をはじめ、身の回りのいろいろな問題が進捗しやすくなったり解決しやすくなります。

だって、考えてみてください。

ディズニーランドがあのように人気があるのは、お客さんが何を求めているかがわかっていて、相手のかゆいところをしっかりとつかんでいるからですし、ネットショッピングでモノを買う人が増えたのも、さまざまなショップやメーカーが購買客のかゆいところをよく研究しているからです。

こうした例を挙げればキリがありませんが、みんな、お客さんのキーワードをがっちりとつかむことによって、ビジネスをより大きくしようとしているわけです。

私は常々思っているのですが、相手に対して細やかな気遣いを忘れない日本人は、相手のかゆいスポットに着目するのが非常に上手なのではないでしょうか。日本の老舗旅館のサービスのきめ細やかさには、私はいつもびっくりさせられています。

私はこういう繊細な心配りをもっとキーワード・マネジメントに活かしていくといいのではないかと思っています。

たとえば以前、私がインドで行なっている事業が日本のニュース番組に取り上げられたときのことです。じつはその日、私は放送日に海外へ出張中で、録画するのをすっかり忘れていました。

ところが、フェイスブック上で「番組を録画したのですが、もし良かったらこの動画をご覧ください」と、私にメッセージを送ってくださった方がいたのです。

「出張中だから見ていないかも」と思われたのでしょう。この方の細やかな心配りは、まさに私の「かゆい」ところにドンピシャで応えてくれたのです。

当然、その方の名前はすぐに私の中にインプットされ、後日200人規模のジュガール・セミナー会場ですぐに彼を発見しました。そして、みなさんの前でその優れたキーワード・マネジメント能力を称賛させていただきました。

彼は私に名前を売ることも、一肌脱いでやろうと思わせることもできたわけです。

ジュガールを使う際にも、このキーワード・マネジメントの「基本」が徹底している人と徹底していない人とでは、その効果に驚くほどの大きな差が出てきてしまいます。ぜひともこの「基本」をおろそかにせず、相手が喜ぶぴったりのキーワードを見つけ出していくようにしてください。

3．縦横無尽な順応性

どんなキーワードを持っているかは人それぞれ違います。

今日会う人と明日会う人とでは、まったく違うキーワードを持っていることでしょう。

また、たとえ同じ人であっても、この前と今回とでは使うべきキーワードが違ってくるかもしれません。もし以前会ったときに比べて、世の中の経済状況や社会環境が大きく変化していたとしたら、人は変わらなくても使うべきキーワードは変わってくるでしょう。

さらに、同じビジネスであっても、Ａというビジネスで使うキーワードと、Ｂというビジネスで使うキーワードとでは、おのずと違いが出てきます。コンサル業界と出版業界とでは、相手がかゆいと感じるポイントだって違ってくることでしょう。

私の事例を紹介しましょう。先にも触れた「IZAKAYA」の2号店を出店した際のエピソードです。

2号店はデリーで最も古いAshoka Hotelで展開している高級SPA「Amatrra」内にオープンしました。

この高級SPAはインド屈指の財閥が経営しています。インドの政治家・財閥・芸能人などが通っており、会員制でブラック会員になるには年間250万円ほどの会費を払う必要があるのですが、彼らは会員向けに日本料理のようなヘルシーな料理をぜひとも提供したいと考えていたのです。

じつは、われわれは2号店オープンについてはそれほど積極的に考えていませんでしたが、インド富裕層のデータベースにアプローチしたいとつねづね模索していたので、彼らと組んで事業を展開できるのは願ってもない話でした。

つまり、この時点でキーワードはほぼ一致しているわけです。

しかし、ボトルネックがありました。それは高い家賃です。

さて、ここで問題です。

IZAKAYA 2号店オープンに向けて使ったキーワード・マネジメント

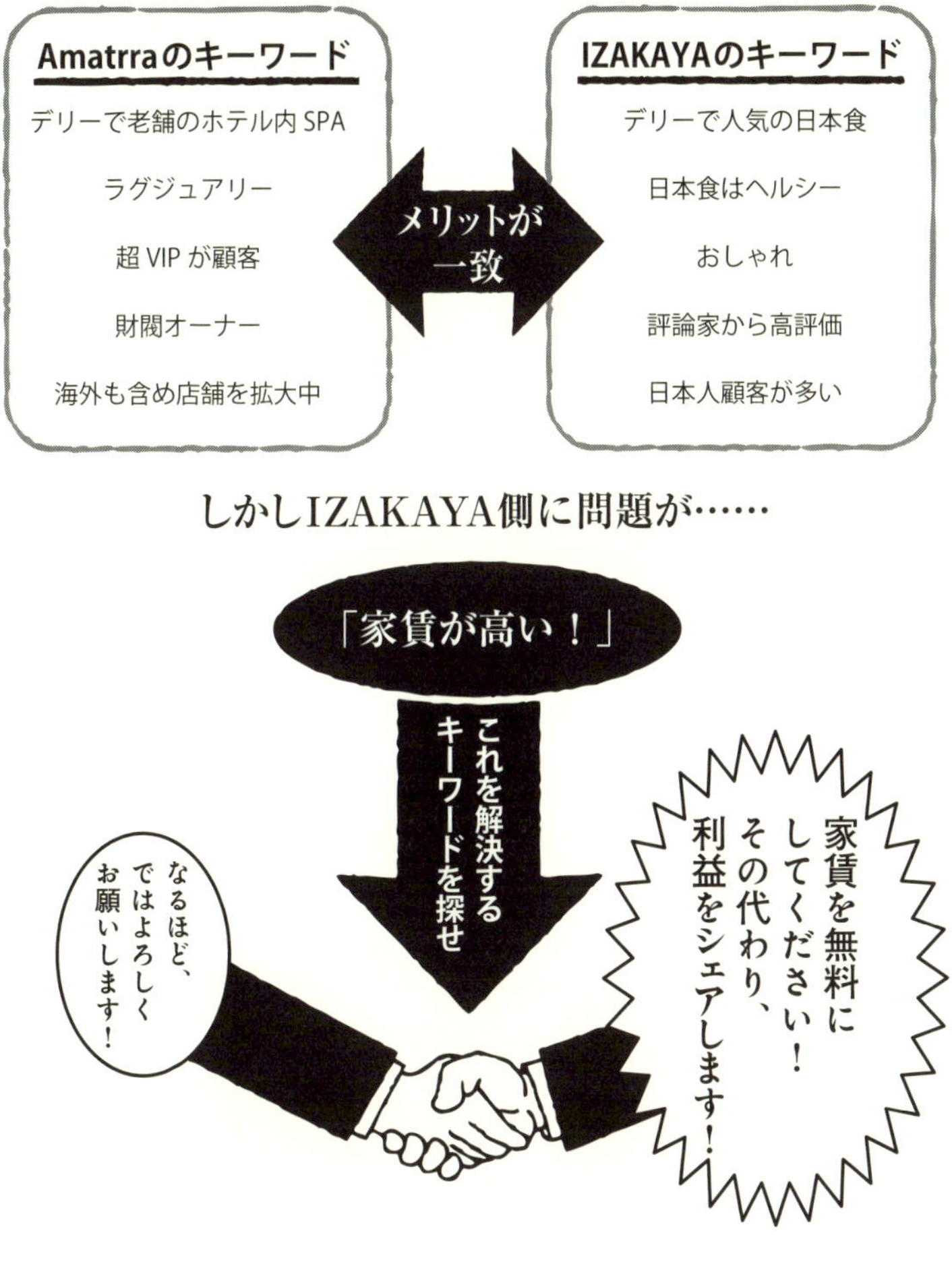
Amatrraのキーワード
デリーで老舗のホテル内SPA
ラグジュアリー
超VIPが顧客
財閥オーナー
海外も含め店舗を拡大中
メリットが一致
IZAKAYAのキーワード
デリーで人気の日本食
日本食はヘルシー
おしゃれ
評論家から高評価
日本人顧客が多い
しかしIZAKAYA側に問題が……
「家賃が高い！」
これを解決するキーワードを探せ
家賃を無料にしてください！その代わり、利益をシェアします！
なるほど、ではよろしくお願いします！

高い家賃を克服して、お互いＷｉｎ－Ｗｉｎの関係になれる最強のキーワードとは何でしょうか？

正解は「家賃無料、プロフィットシェア」です。

もちろん、相手の関心事を熟知し、もっとも効果の高いこのキーワードを探り当て、効果的なタイミングで使わなければなりません。

それが功を奏したのでしょう、高級ＳＰＡ側はこのキーワードをすんなり受け入れてくれました。

つまり、使うべきキーワードは、つねに変化しています。いつも同じキーワードが通用するとは限りません。ですから、キーワード・マネジメントでは、会う人や手がける仕事、そのときの状況に合わせて、臨機応変に適切なキーワードを見つけていかなくてはならないわけです。

つまり、**ジュガールにおけるキーワード・マネジメントには、こうした「変化に**

対応するための適応力」を養っていく側面もあるのです。

この力をつけていくには、どんな場合にもぴったりのキーワードを見つけ出していけるよう、いろんな人、いろんな状況、いろんなビジネスを前にして、たくさんの場数を踏んでいくのがいちばんです。

4．見渡せば可能性の扉ばかり

キーワード・マネジメントにおける「キー」は、言わば「可能性の扉を開くキー」のようなものです。

その「扉」はすべてのものについています。どの人にも、どの関係性にも必ず扉はあります。ちょっと声をかけにくそうな「あの人」にも扉がついていますし、いつか一緒にビジネスをしてみたい「あの人」にも扉がついています。また、自分自身にも、まだ開かれていない可能性の扉がついています。

つまり、キーワードはそうした扉を開けるカギなのです。

これまで声をかけにくかった「あの人」に声をかけて、その人の扉を開くことができれば、自分の人間関係の可能性が大きく広がるでしょうし、いつか一緒にビジネスをしたいと思っていた「あの人」に声をかけて、その人の心の扉を開くことができれば、自分のビジネスの可能性も大きく広がることでしょう。

私のセミナーでも、同じテーブルや隣同士になった人に、キーワード・マネジメントを意識してコミュニケーションをとらせるワークをさせています。

実際にあったことですが、一方が向上心のある若者を雇用したいと考えている経営者の方、もう一方が自分の可能性を広げる仕事を見つけたいと考えている若者でした。このとき、その場ですんなり2人の雇用関係が生まれたことは言うまでもないでしょう。それぞれが持っていたキーワードが相手の空いていたピースにピタッと一致したということです。

人だけではありません。目の前に立ちはだかるトラブルや問題も、キーワードを見つけて扉を開くことができれば、同じように自分のなかの可能性の扉が開き、その向こうへと続く道を進んでいくことができます。

ですから、あなたも目の前に扉があると思ってください。

その扉の向こうには、あなたの進みたい道が続いています。その道を歩んでいくには、目の前の扉を開けるための正しいキーを見つけなくてはなりません。

合うキーは必ずあります。

さて——

キーワード・マネジメントがどういうものなのか、だいたいおわかりいただけましたでしょうか。

本当はまだまだ述べておきたいハウツーがあるのですが、細かいテクニックやマネジメントの心得まで紹介しはじめたらキリがありません。そのコンテンツは、「キーワード・マネジメント」というテーマで一冊の本を書けるくらいたくさんあるので、詳しいご紹介はまたの機会に譲りたいと思います。

ここでは、ジュガールを習得するために、キーワード・マネジメントの修業を積むことが欠かすことのできないステップであることをしっかり覚えておいてください。

私はいつも、自分がずっと探し求めていたキーワードがひらめくと、天からジュガールの光明が差してきたかのような思いになります。

薄暗い道からいきなり広くて明るい場所に出たかのようなさわやかな感動につらぬかれる

のです。

大小さまざまな問題を前にしたときに、いつもすんなりと正しいキーワードを見つけられるようになれば、ジュガール修得の第❸ステップも修了。次は、最終段階へとステップを進めていくことになります。

ステップ❹「周りの人やチャンスの力を借りて、いい流れに乗せる」

同じジュガールでもなぜ差が生まれるか？

より大きな成功を手にするために

自分という一人の人間の可能性を無限大にあると捉えて、その力をできるかぎり引き出していこうとするのがジュガールの基本ですが、「自分一人でできること」には物理的に限界があることも事実です。どんなにがんばっても、自分一人だけの力ではどうしようもないこともありますよね。

実技教習もいよいよ最終段階。第❹ステップでは、人やチャンスを引き寄せて、自分を成功パターンに乗せていくことを学んでいきます。

そもそもジュガールでは、「自分の力をより引き出すために、周りの人の力を借りること」をたいへん重視しています。

オリンピックを目指すアスリートでも、自分一人できつい練習を行なって努力してさえいればメダルをつかめるかというと、そういうわけではありません。やはりつきっきりでアドバイスをしてくれるコーチや、トレーニングのための設備や環境を提供してくれるスポンサーのサポートが不可欠です。

ジュガールの場合もこれと同じ。

ビッグな成功を手にするには、自分一人の力でなんとかしようとするのではなく、周りのたくさんの人たちの力を借りなければなりません。周りの人たちのサポートが得られれば、より自分の力を出せる態勢が整って、よりビッグな可能性を追求していくことができるようになります。

そうすれば、よりビッグなジュガールも使えるようになり、そのジュガールがよりビッグな成功に結びつきやすくなっていきます。

だから、周りの人の力を借りて自分を活かしていくことが大切なのです。


とくに、効果が大きいのは「人づての紹介」です。

たとえば、サポートをしてくれる人のなかに、かねてから一緒にビジネスをしてみたいと思っていた会社の重役とコネがある人がいたとしましょう。その人の紹介によってその重役と会うことができれば、一気にビッグ・ビジネスのチャンスが到来します。また、もしその重役と意気投合することができれば、その人を経由することによってさらにすごい人に会えるかもしれません。

そういうふうに、人から人を紹介してもらって協力関係の輪が広がっていくと、望んでいた人と意外にあっさりと会えたり、望んでいた成功が意外にあっさりと手に入ったりするようになるものなのです。


ジュガールでは、このように〝人の力を借りて協力の輪を広げていく感覚〟をたいへん大事にしています。

第1章で、飛び込みの営業の仕事で4カ月連続でトップになった私の体験をお話ししましたが、それも人づての紹介で協力の輪を広げていったからこそ成し遂げることができたようなものです。

人から人へと協力の輪が広がっていくと、ジュガールを使うことのできる〝手札〟も倍々ゲームのように増えていき、これまでなかなか手が届かなかったものにも手が届くようになっていくのです。

あなたもこの〝広げていく感覚〟を大事にしながら、積極的に人の力を借りるようにしてください。

いわば、**「自分一人のジュガールでできること」と「自分と他人の力を合わせたジュガールでできること」では、おのずとできることのサイズが違ってくる**わけです。ほとんど桁違いだといってもいいでしょう。

広く、太く、でっかく

〝いったいどうすれば周りの人が自分に手を貸してくれるようになるのかわからない〟という方も多いのではないかと思います。

そういう方は、まず自分自身を〝うまくいくいい流れ〟に乗せて、周りの人をその流れに引き寄せるようにしてください。

これまでジュガールの知識や実技を学んできて、すでにあなたには、〝こういうふうにすれば、自分をいい流れに乗せられる〟〝これを続けていれば、成功を重ねられる〟という自信がついているはずです。

しばらくは、その〝いい流れ〟を太くしていくことに力を注ぎ込むようにしてください。するとと、あなたが〝いい流れ〟をつくっていることに関心を寄せてくる人が必ず現われます。

不思議なもので、人や幸運は〝いい流れ〟ができているところに引き寄せられてくるものです。〝うまくいっている人〟を機敏に嗅ぎ分けて、なんらかの関係性を持とうとアプローチしてくるのです。

そういう人たちが現われたなら、ぜひ笑顔で迎えて、Ｗｉｎ－Ｗｉｎの協力関係を築くようにしてください。

そして、そういった人たちの力を借りながら、自分の〝いい流れ〟をさらに〝ストリーム〟と呼べるくらい大きな潮流にしてください。

あなたに協力を申し出るような人やあなたにアドバイスを求めるような人がさらに増えてきます。

小さな成功から大きな成功へ

いかがでしょう。

なかには〝そんなにうまくいくのかな〟と思っている方もいらっしゃるかもしれませんが、ここまでのステップをすべてクリアして、ジュガールを使える下地ができているのであれば、心配にはおよびません。


たとえば私のときは、経理に詳しい人のサポートが欲しいなと思っているところに、その道に詳しい人を紹介されたり、セミナー事業を拡大したいなと思っていたところへ、うってつけのセミナーの専門家が協力してくれることになったりと、いろいろな相乗効果が働いて、放っておいても人やチャンスが寄ってくることが頻繁にありました。

いまではもう驚かなくなりましたが、ジュガールが回り出すと、別に意識していなくても、そういうことがひっきりなしに起こるようになるのです。

こうなれば、第❹ステップを十分にクリアできる力がついた証しです。

ぜひ、実社会で思いきりあなたのジュガールの力を試してみてください。

どんどんジュガールを使って成功体験を積み重ねていけば、どんな壁でも軽々と乗り越えられる自信がついていきます。ビジネスでも人間関係でも、身の回りのことがうまくいくようになって、頼もしい人材やうれしいチャンスがどんどん向こうからやってくるようになるのです。

第3章のまとめ

「ジュガリー」への4ステップ

ステップ❶「ジュガールを強く意識する」
ステップ❷「ポジティブ・パラダイムに入る」
ステップ❸「キーワード・マネジメントを習慣にする」
ステップ❹「周りの人やチャンスの力を借りて、いい流れに乗せる」

第4章

《日本と日本人をよみがえらせる2つのソリューション》

なぜジュガールは、富と幸福を日本にもたらすのか？

印僑大富豪の教え

あなたの行動が新しい世界の扉を開く

Road to the New World

日本復活へのビジョンを見よう

“夢の国”はどこへ消えた？

私は日本という国と日本人が大好きです。

昔からあこがれていたといってもいいでしょう。

「はじめに」のところでもちょっと述べましたが、私は５歳から10歳までの一時期、父の仕事の関係で日本に住んでいたことがあります。

そのころはちょうどバブル期であり、幼い少年の目に映った日本はまぶしいくらいに輝いていました。

人も街も活気に溢れ、欲しいものはなんでも手に入り、誰も彼もみんな豊かなお金持ちであるかのように見えました。しかも、日本の人たちは少しも偉ぶることがなく、みんなやさしく礼儀正しい。外国人に対しても寛容で、私も隣近所の方々から親切にしていただき、よくかわいがっていただいたことを覚えています。

本当に、あのころの日本は「夢の国」でした。

しかし、大人になって再来日したとき、私は日本にかつての輝きが失せてしまっていることに気づきました。

以前と違って、多くの人が不機嫌そうに眉をひそめ、うつむいて肩を落としながら歩くようになってしまっている。街からも活気や賑《にぎ》わいが消えてしまっているように感じました。景気は低迷したまま上向かず、人も街もどんよりとした閉塞感に覆われてしまっている。

しかも、東日本大震災が起こってからは、その閉塞感がよりいっそう強まってきた気がします。

いったい、きらきらと輝いていた「あのころの日本」はどこへ行ったのでしょうか。もうああいう「元気な日本」は戻ってくることはなく、これからは長期的に低落していく一方になってしまうのでしょうか。

いや、私はそうは思いません。

このまま朽ちていっていいのか？

日本と日本人には、まだまだ大いなる潜在能力があります。

第二次大戦後、なにもかも不足して食べるものにも困るようなどん底の状態から立ち上がり、短期間のうちに目覚ましい復興を遂げることができたのです。

そんな素晴らしい力を秘めているのですから、このまま朽ちていってしまうはずがありません。

そして私は、**ジュガールこそが大いなる潜在能力を目覚めさせ、日本と日本人が立ち直って復活を遂げるきっかけになると考えている**わけです。

日本も、日本人もまだまだ大丈夫。

ジュガールは、必ずや日本と日本人の持つ潜在能力を最大限に引き出してくれることでしょう。そうすれば、みんなかつての自信や誇りを取り戻し、「元気な日本」が復活します。

この最終章では、ジュガールによって日本と日本人がよみがえっていくための、私なりのビジョンを述べていきたいと思います。

干からびかけた欲望から芽を出そう！

小さくまとまって生きるのも一つの選択ですが…

日本や欧米諸国の前に立ち塞がっている問題について考えてみましょう。

それは「成熟社会」という壁です。

あなたは日本が停滞しているいちばんの原因は何だと思いますか？　いろいろな原因があるでしょうが、ひとつ挙げるとするならば、私は**「社会の成熟化」**を筆頭に挙げるでしょう。

日本が成熟社会に移行したといわれるようになって、すでに久しい年月が経過しています。人口が減り、経済成長が止まった社会は成熟へと向かいます。こうした社会では、すでに多くの人にモノが行き渡ってしまっているため、たくさんモノをつくっても売れません。

インフラも整いきっているので、公共事業などは「無駄」と言われるほどです。欲しいものはだいたいそろっていて、お金をかけずともたいした不自由を感じることもなく生活を営むことができます。

問題なのは、このように社会が成熟化してくると、「いつものことを、いつもと同じようにやっていればいいや」というふうに考える人が多くなってくる点です。

言ってみれば、現状に満足してしまい、「新しいことにチャレンジしよう」とか「別の方向性を打ち出してみよう」といった意欲が薄れてきてしまうことです。

あなたもご自身のことに当てはめて考えてみてください。

もし、そこそこのお金もあって、仕事や人間関係、プライベートでもそこそこの満足感があるとしたなら、〝別にそんなにがんばらなくても、いまのままでもいいや〟と考えてしまうのではありませんか？

また、たとえ満足のいく仕事や生活ができていなくとも、〝まあ、そこそこ食べていけさえすりゃあいいや〟と考えてしまう方もいらっしゃるかもしれません。

ここが大きな問題なのです。

先進諸国共通の悩みを解決するものとは？

成熟化した社会では、怠惰なわけではありませんが、新しいことを生み出そうというモチベーションや危機感に決定的に欠けている面があります。どこか醒《さ》めていて、日々、システマティックにマニュアルどおりのことをやって現状を維持しているだけで、毎日が淡々と過ぎ去っていく。

そういう人が多数を占めるようになれば、社会や経済が停滞してしまうのも無理はないと思いませんか。

そういう社会では、革新的な発想や常識を超えたような発想が生まれにくくなります。そのため、大きな成長や変化をもたらすようなイノベーションも生まれなくなって、組織や社会が硬直化した状態に陥りやすいのです。

おそらくあなたも、長らく成長や変化から遠ざかっている〝硬直化した会社組織〟の2つや3つ、すぐに頭に浮かぶのではないでしょうか。

ジュガールを育てる新興国の土壌とマインド

状況	状況に対する考え方
資本がない	限られた予算の中で最大限の効果が生まれるように使わなければならない
インフラが中途半端	あり合わせのもので電気や水道の不足を補わなければならない
格差が激しい、恒常的にモノ不足	だったら、貧困層も顧客として取り込むことで、ビジネスチャンスを広げればいい

↓

常に創意工夫することが念頭に！

こうした成熟化は、日本だけに限った問題ではありません。とっくに成熟社会に移行しているアメリカでは、かなり以前からこうした問題が論議されています。また、イギリスやフランス、ドイツなどの西欧諸国、それに韓国も、やはり同じような問題を抱えています。

アメリカのアップル社や韓国のサムスン社など、元気な会社組織もあるにはありますが、それは世界的な趨勢《すうせい》から見ればごく一部のことです。

「成熟社会」にまつわる種々の問題は、先進諸国が共通して抱える「壁」といっていいのではないでしょうか。

しかし――

ジュガールがあれば、この「壁」を打ち破れるのです。

欲望のない人は悟るか、あるいは眠ったままか

イギリスの著名な政治家であるチャーチルは、「凧がいちばん高く上がるのは、風に向かっているときである。風に流されているときではない」と言っています。

成熟社会の風潮に流されては、高く上がることはできないのです。

これまで述べてきたように、ジュガールは個人や企業の埋もれた可能性をどんどん掘り起こして実現していくメソッドです。

それは**「欲」を掘り起こす**ようなものであり、目の前の状況を少しでもよりよいものにするために、次から次にソリューションを引っ張ってきます。そして、その〝欲と可能性の掘り起こし作業〟に終わりはありません。

どんなに現状が安定していたとしても、それでよしとすることなく、貪欲《どんよく》に自分をよりよい状態にシフトしていくわけです。こうしたエネルギーこそ、あなたをチャーチルのいう凧のようにいちばん高いところに上らせてくれるのです。

第3章で紹介した与沢翼さんを思い出してください。

彼は月収が４０００万円以上あったにもかかわらず、「ただの収入の多い個人」として生きていくことに疑問を感じ、さらなる成功を模索していました。ジュガリーになれる人物は、彼が持っているような「欲」を前面に出しています。

そもそも、**ジュガールには、「満足」という言葉はない**のです。

ジュガールは、「物資に恵まれず、必要なものさえ手に入らない状況が当たり前の国」で生まれたメソッドですから、自分の「欲」や「可能性」を決してあきらめることなく、あくなき追求をするようにできているのです。

たとえ、ビリオネア、ミリオネアになったとしても、ジュガールを学んだ人であれば、さらなる成功や富を求めつづけるのです。

そして――

このように決して満足することなく「欲」や「可能性」を求めつづける姿勢は、成熟化した国々の経済や社会を大きく活気づけることにつながります。

日本の停滞した経済や社会も、ジュガールによって多くの人が「欲」や「可能性」の追求に目覚めれば、意欲的で躍動感のある行動を再び取り戻すでしょう。そして、人々にも笑顔が溢れ、溌剌《はつらつ》とした「元気な日本」が戻ってくるはずです。

西洋でも東洋でもない「第三の価値観」

ジュガール、誕生

ここでジュガールという素晴らしいメソッドが生まれた文化的・社会的背景について少し触れておきたいと思います。

私が言うのもヘンですが、インドは不思議な国です。

西洋的なものと東洋的なものが入り交じって混沌としています。地理的に見れば、西洋と東洋のちょうど真ん中にあり、その両方から影響を受けています。

いわば、東と西の両方がブレンドして、〝中洋〟とでもいうべき独特の世界観を形成しているのです。

西洋のアメリカと、東洋の日本、それと〝中洋〟のインドを比較してみましょう。

アメリカは西洋的な個人主義・合理主義を代表する国です。もともと異質な文化を持った移民たちが寄り集まった国ですから、他人に対しては「話さなければわからない」という姿勢が徹底しています。

だから、アメリカ人は子どものころから自分という「個」を打ち出して自己主張をすることを学びます。

極端な話、自分の利益を守るためには、ほかを蹴落としてもかまわない。それによってトラブルや不満が表面化したなら訴訟を起こせばいい。そういう個人主義・合理主義の価値観が根づいています。

一方、日本はというと、東洋的思想の影響もあるのでしょうが、個よりも全体を重んじる傾向が色濃くあります。ピシッと線引きするよりも個々人が相互にもたれあい、運命共同体として結束し合うことで身を守ろうとするのです。

日本人は子どもに「わがままを言わず、他人の迷惑にならないようにしなさい」と教育します。

自己主張よりも、他人や周りの都合を優先しているわけです。だから、日本人は徹底的に話し合うことをあまり好まず「話さなくてもわかる」と考えます。「個」を主張すると、共同体からはみだし者扱いされはしないかと心配になってしまうのです。

では、その間の〝中洋〟に位置するインドはどうなのでしょう。

じつは、インド人はその両方の立場を理解することができるのです。

西洋にも東洋にもない力とは？

インドには広い国土に300以上の民族が住んでいて、民族が違えば宗教も言語も変わってきます。そのため、インド人は他人とコミュニケーションをとる際、「とにかく、話してみなければわからない」という共通理解を持っています。

しかも、人口が多く、教育水準の差や貧富の差も大きいので、自分の存在を埋もれさせないよう、「個」をアピールすることをたいへん重視しています。こういう点は西洋的といっていいでしょう。

ただ、その姿勢はアメリカ人のように徹底的に自己利益を追求するものではありません。

インド人は、つねに他人に対する尊敬や慈しみを忘れません。なんといってもお釈迦様の生まれた国ですから、仏教やヒンズー教に根ざした東洋的な、自分のことよりも他人のことをおもんぱかる精神が染みついているのです。ですから、お互い良好なリレーションシップを保つことへの労を惜しみません。

また、親しい人や友人、家族などに対しては、「話さなくてもわかる」という感覚をたいへん大事にしています。こういう点は日本人に近い部分があるのではないでしょうか。

つまりインド人は、西洋的・アメリカ的な押しの強い自己主張をしつつも、東洋的・日本的な周りとリレーションシップを保つ姿勢をたいへん大事にしています。**西洋的な価値観にも東洋的な価値観にも偏らず、両者のいいところをうまく兼ね合わせてブレンドしている**ことになります。

いってみれば、東と西の中間の位置にあって、どちらにも偏らないようにうまくバランスをとりつつ、そのうえで、いちばん適した落としどころから解決策を見出そうとしていくわけです。

こうした**西洋にも東洋にも偏ることのない〝中洋〟の混沌とした風土のなかで育まれた「第三の価値観」がジュガール**なのです。

おそらく、日本よりさきにジュガールに注目しだした欧米諸国は、この「第三の価値観」が今後世界でとても重要な役割を果たすことを知っているのです。

なぜ、欧米諸国はいち早く取り入れているのか？

ほかの国ではジュガールを何と呼ぶ？

第1章の冒頭で、ジュガールをビシッと一言で日本語で表現するのは骨が折れるということを書きましたが、じつは世界各国では次のような言葉に置き換えられています。

中国では「自主創新（ジージューチャンジン）」、ブラジルでは「gambiarra（ガンビアラ）」（ポルトガル語で「次善の策」）、アメリカでは「ＤＩＹ（do-it-yourself）」（日本語に訳されるときはほぼ日曜大工という意味だが、ここではもっと広い使われ方をしている）、アフリカでは「jua kali（ジュア・カリ）」（スワヒリ語で「照りつける太陽」、野心的な企業家の意）、フランスでは「système D」（D は debrouiller の略で「何とかする」という意味）と呼ばれています。

もともとジュガール文化はどんな国にもあったのでしょう。中国、ブラジル、アフリカなどの新興国では、いまも息づいています。

ただアメリカやフランスといった先進国にも、ジュガール的な精神が言葉として残っていることに驚かされます。

もちろん、日本にだってジュガール的な精神はありました。ただジュガールに置き換えられる言葉がないことに象徴されるように、他の欧米諸国と比較して、ジュガールへの理解、向き合い方がかなり後れをとっていることは間違いありません。

アメリカでは多くの企業が少ないコストで多くの価値を生み出す方法を模索しているなか、ジュガールがホットな話題になっています。

その例をご紹介します。

さすがにアメリカは早い

ジュガールの考え方、さらにそれに関連した方針や実践は、一足先に欧米の企業からは注目されていました。

なぜなら、彼らもまた資金や資源の制約、超競争的で急速に動くビジネス環境の渦中でもがいたことから、新たなイノベーションを追求していたからです。

あるアメリカの企業は、莫大な時間と高価な研究開発プロセスに依存するこれまでのスタイルではなく、より柔軟性に富むジュガール式アプローチで、スピード、機敏性、さらに費用効率性を実現しています。

たとえば、インドに進出したアメリカのGEヘルスケア社では、ジュガール的考え方を駆使して、インド全域の低開発地域でも利用できる高品質のがんの診察と治療を提供することに成功しています。

詳細は専門的ですので省きますが、倹約的な「使用状況に応じて課金する」価格モデルとかんばん方式の配達手順を取り入れ、がん治療に必要な「放射性同位元素」を手頃な価格で地方病院に供給できたのです。

これは単に安く開発できたというだけでなく、地方の住民や、最貧層と目される人々を顧客対象に含めることは、より優れた社会的善行をもたらすだけでなく、優れたビジネス・センスを生むということも証明した、非常に価値ある事例です。

いま、**イノベーションを後押しするのは、プレミアム価格や種類の豊富さではなく、値頃感と持続可能性**が重要といわれています。

少ない資源で多くの製品を安く売るための戦略を考え出すのが、これからの企業が目指すべきところなのでしょう。

それが資本・技術・人材に欠ける新興国のジュガール的なイノベーションが注目されているわけなのです。

日本も日本人も、もっと積極的にジュガールを取り入れていけば、このように革新的なビジネスをもっともっと生み出せるのです。

サバイバルに勝つ種、負ける種

いまの世の中は何が起こるかわかりません。

いつリーマンショック並みの世界恐慌が起きてもおかしくないし、日本を含めた名だたる先進国の財政が破綻してもおかしくありません。もちろん、日本を代表するような一流企業の倒産もありえます。

世の中の変化に対応して自分を変えて、どんな環境、どんな状況になってもサバイバルしていけるよう、自分をフレキシブルにシフトチェンジしていかなければならないのです。

誰もが想像するようなマニュアルどおりのやり方や「型」にハマったやり方をしていては、いずれ変化についていけなくなってしまいます。いつまでもそういうやり方に固執していたら、いざ何か大きな問題が起こったときに対応が遅れて、自らの首を絞めることになってしまうでしょう。

だから、生き残るために変わらなくてはならない。いつ何が起こっても慌てずに的確に対応できるように、ジュガールを使って考え方ややり方を変え、これまでの殻を打ち破っていかなくてはならないわけです。

では、生き残っていくために、どうやって自分を変えていけばいいのか。

ジュガールは、「勝ち残るソリューション」であり、「人とつながるソリューション」でもあります。

これらのソリューションについて、簡単に説明していきましょう。

「勝利」「成功」「生き残り」で頭をいっぱいに

勝ち残るソリューション「苛酷な状況でも闘える知恵を身につける」

火事場の馬鹿力は嘘じゃない

ほかのすべての生きものと同じように、人間は生存競争を生き残っていかなくてはなりません。

ただ、その生き残りをかけたサバイバルのパワーには、人や民族によってだいぶ温度差があるような気がします。

極端な例を挙げれば、日本やアメリカのような成熟した社会では、そんなに意気込まなくても生きられるシステムができていて、のたれ死にするようなことはありません。

しかし、世界には戦争や飢餓に苦しむ国も多く、そういう社会に生きる人々は、日々生きるか死ぬかの瀬戸際のなかでなんとか命をつないでいかなくてはならないわけです。

インドも新興著しいとはいえ、どちらかといえばまだ後者の組に属するのではないでしょうか。

ジュガールは、そういう生存競争の激しい環境で生まれた「勝ち残るためのソリューション」なのです。


これまで、ジュガールが人間の可能性をできる限り引き出していくメソッドであることを述べてきましたが、それは「苛酷な状況のなかで自分が生き延びる可能性を広げていく」ということにも通じます。

どんなに厳しい状況に立たされようとも、どんなに不利な状況に追い込まれようとも、冷静かつスピーディに頭を働かせながら、次々にソリューションを探しつづけていく。

周りの状況は刻々と変わっていきますから、そのときそのときの状況に合わせながら、臨機応変に自分を変化させて、現状を打開するにもっともふさわしいソリューションを引っ張ってくる。

そういうふうに、状況に合わせた変化のなかから、事態を好転させる突破口を見出していくのです。

あなたは生き残る自信がありますか?

では、自分をいつでも変化できるよう、やわらかくキープしておくには、どんなことを心がけていればいいのか。

私はジュガール・セミナーでよく話しているのですが、まず常日頃からひとつの色に染まったり、ひとつの考えに固執したりするのを避けることが大切だという点です。ひとつのことにこだわっていると、どうしても頑固になってしまい、いざというときの対応が遅れてしまいがちになります。

また、フットワークを軽くしておくことも大事です。いざというときにいつでも飛び出していけるよう、自分の身辺を身軽にしておいたほうがいい。そうやって、いつでもスピーディに変化に対応できるようにしておくことをおすすめします。

それともうひとつ、生存競争に勝ち残るには、平素の「心構え」がたいへん大切になってきます。

まず、「絶対に生き残るんだ！」「勝ち残ってやるんだ！」という強固な意志を持つことが必要です。

日本やアメリカなど成熟社会の満たされた国の人は、こういうサバイバル精神が希薄な傾向にあるので、とくに意識してかきたてていく必要があります。

このため、ジュガール・セミナーでは、修得段階での「成功への意識づけ」を徹底していて、その修得を終えるころには、「勝利」「成功」「生き残り」という言葉しか頭に浮かばないような状態になるのです。

どうすれば「新しい世界」の扉は開くのか?

つながるソリューション 「狭い世界から広い世界へ」

他人を蹴落とさずに勝つ方法

これからの世の中で生き残っていくには、どう変わっていけばいいのか——。

次は、ジュガールの「つながるためのソリューション」という一面をクローズアップしてみましょう。

あなたは、見知らぬ土地で生き残って成功を得ていくためのポイントをひとつ挙げるとしたら、何だと思いますか？

私の答えは決まっています。

それは、人間関係のつながりを深め、信頼の輪を広げていくことです。

先にも触れたように、ジュガールでは「周りの人の力を借りて自分を活かしていくこと」をたいへん大事にしています。

一人の人と信頼の絆を結んだなら、その人から自分の仕事や人間関係にとって重要な意味を持つ人を紹介してもらう。そしてその人と会ったなら、またしっかりと信頼の絆を結んで、また別の重要人物を紹介してもらう。そうやってつながりを深めながら人脈を広げていくわけです。

人とのつながりが深まって信頼関係のリレーションシップが構築されてくると、困っていたところに助け舟が現われたり、いろいろなチャンスが巡ってきたりして、一歩一歩着実に成功のステップを上っていけるようになるのです。

つまり、人とのつながりを大切にする人が最終的に生き残っていくのです。

成功者やお金持ちは、みんな人とのつながりを大事にしています。おそらくそれは万国共通でしょう。

インドでもアメリカでも日本でも、成功している人はみんなリレーションシップのつくり方が上手です。人間関係の絆やつながりを広げていけば、自分のビジネスが広がることがわかっています。そのつながりが自分のサクセスストーリーに大きなプラスになることを知っているのです。

ジュガールは「勝つためのソリューション」であると同時に、「周りとつながるためのソリューション」「他人との関係性をよくするためのソリューション」です。

「成功を勝ち取る」「生存競争に勝ち残る」という言葉には、どこか他人を蹴落としていくようなイメージがつきまといますが、ジュガールにおいてはまったくそういうことはありません。

むしろ逆で、他人とつながって関係性をよりよくしていくことによって、勝利や成功を呼び寄せていくメソッドであるわけです。

そして、多くの人とつながってジュガールがうまく回り出すと、勝利や成功を重ねるだけでなく、より大きな世界とつながっていけるようになります。

「新しい世界」を見ずに死ねるか！

「Road to the New World」という印僑大富豪の言葉には、「行動を起こして誰かとつながれば、必ず新しい世界の扉が開ける」という意味が込められています。

すなわち、ジュガールは「新しい世界とつながるソリューション」だといってもいいのです。

もちろん、ここでいう「新しい世界」というのは、単に海外に飛び出していくということだけを指しているのではありません。

ビジネスにおいて新境地を開拓することもあるでしょうし、新たな人間関係を築くこともあるでしょう。新しい恋をすることもあるでしょうし、新しい趣味や習い事にチャレンジすることもあるでしょう。

「New World」はいたるところに広がっています。ジュガールの「つながる力」をうまく活かしていけば、「New World」としなやかにつながっていけるようになるのです。

新しい世界とつながるようになると、必ずと言っていいほど自分に成長と変化がもたらされます。新しい世界の扉が開いて、そこから自分の新たな可能性が引き出されていくことになるのです。

さらに、その可能性が実を結んで、自分を成長・変化させられることのおもしろさがわかってくると、さらに新しい世界とのつながりを求めるようになっていくことでしょう。

このように、ジュガールの「つながる力」が回り出すと、つねに新しい世界とのつながりを求めながら生きられるようになり、どんどん狭い世界を飛び出していくようになっていくのです。

あなたはどうお思いでしょう。

こういう「つながる力」があれば、どんな時代でも充実した人生を全うすることができると思いませんか?

たとえ苛酷な状況に追い込まれても、たくましく生き残っていくことができると思いませんか?

これから何が起こるかわからない世の中をわたっていくためには、ジュガールの「つながる力」を活かしていくことが、いちばん賢い方法だとは思いませんか?

人生は一度きり

もしも日本人がジュガールを使ったら

日本と日本人は、いま大きなターニングポイントを迎え、大きな壁にぶつかっています。


「小さな世界」から「大きな世界」へと出ていかなくてはならない壁。

「古いシステム」から「新しいシステム」へと進んでいかなくてはならない壁。

「鎖国」から「開国」へと移行しなくてはならない壁。

「国内だけで通用する人間」から「世界で通用する人間」へと変わらなくてはならない壁。

「成熟化した社会」に活気を取り戻さなくてはならない壁。

「何が起こるかわからない世界」で生き残っていかなくてはならない壁。

そして、

「これまでの自分」から「新しい自分」へと脱皮しなくてはならない壁。

ジュガールは、自分の壁を乗り越えていくためのメソッドです。古い「型」や「枠」を打ち破って、新しい自分を形成していくためのメソッドです。

だからこそ――

いまの日本と日本人には、ジュガールの力が必要です。さまざまな壁を前にして立ちすくんだまま身動きがとれなくなっている日本人が新しい世界に出ていくには、ジュガールの力が必要なのです。

ジュガールによって壁を乗り越えることができれば、日本と日本人は大きく変わります。壁を乗り越えた向こう側には、広々とした新しい世界が待っています。

その風通しのいい、気持ちのいい世界では、なににも縛られることはありません。

それこそ、縛られていた手かせ足かせから解き放たれたように、多くの人々が生き生きと躍動しはじめるのです。

それまで滞っていたビジネスもすいすい運ぶようになって、あちこちで画期的なイノベーションが生まれます。

多くの日本人が世界を相手にビジネスをするようになり、一人ひとりが目覚ましい活躍をして、多くの富と成功をつかみます。

これまで日本を包んでいた停滞感や閉塞感もどこかへ消し飛んで、街にも人にも活気が戻り、「元気な日本」「自信に溢れた日本人」がよみがえるのです。

だからこそ、ジュガールを活用して壁を乗り越えてほしい。

いまは何が起こるかまったくわからない時代ですが、ジュガールを身にまとった日本人は、たとえいつ何が起こっても慌てることなく、どんな環境でも、どんな状況でも、したたかに生き残っていくことができます。

ジュガールのやわらかな適応力を身につければ、もうどんなところでも生きていけるし、どんな状況でも稼いでいくことができるのです。

日本と日本人の潜在能力はまだまだあります。もちろん、あなたの潜在能力もまだまだあります。

ぜひあなたも、ジュガールを使ってその大いなる力を引き出してください。

ジュガールがあれば怖いものはない！

ジュガールは、よりよく生きるためのソリューションです。

自分の中に眠っている可能性をとことん引き出して、精いっぱいに生きてみようではありませんか。

一度きりの人生なのですから、自分の持てる力をすべて出し切って、可能なかぎり素晴らしい人生にしてみようではありませんか。


さあ、アクションを起こしましょう。

古い常識や自分の狭い殻を打ち破って、新しい自分に生まれ変わりましょう。

古くて分厚いコートは脱ぎ棄て、新しい自分に脱皮をしましょう。

ゆっくりと羽根を広げて、「小さな世界」から「大きな世界」へと飛び立ちましょう。

きっと、大きな世界へと飛び立ってみれば、これまであなたが求めつづけてきたものが、じつはすぐそばにあることに気づきます。


成功、勝利、幸運、お金、恋愛、信頼、自信——ぜひ、あなたの求めていたものを手に入れてください。無限の可能性を追い求めてください。

エブリシング・ポッシブル。

壁をビヨンドしましょう。扉を開いていきましょう。

その壁を越えた扉の向こうには、よりよい未来が待っています。ジュガールはよりよい未来を開いていくためのカギなのです。日本にとっても、日本人にとっても、そして、あなたにとっても――。

ですから、そのカギを見つけ、未来への扉を開いていきましょう。

第４章のまとめ

日本と日本人をよみがえらせる2つのソリューション

勝ち残るソリューション「苛酷な状況でも闘える知恵を身につける」

つながるソリューション「狭い世界から広い世界へ」

おわりに

インドでは、身内にジュガリーが一人いれば、人生に困ることはないといわれています。

ジュガリーは、通俗的な言い方をすれば、お金持ちになれる方法、成功できる方法、幸せになれる方法を知っている人です。

たとえ万が一、仕事や人間関係などで行き詰まったとしても、ジュガリーにアドバイスを求めれば、おのずと道は開けていく。貧したり窮したりする心配もない。だから、人生に困ることはないというわけです。

ジュガールは、誰にでも宿っている力であり、その気になって修練を積みさえすれば、誰でも呼び起こすことのできる力です。

ちゃんと修練を積めば、みんなジュガリーになれるのです。

私は、できるだけ多くの人にその力を身につけてほしいと願っています。そして、多くの人がその力を使って成功や幸せ、富をつかめるようになってほしいのです。とくに日本人には、そういう人がたくさん出てきてほしい。ジュガールを身につけて、思い描いている自分の未来像をどんどん切り拓いていくような日本人が、たくさん現われてきてほしいと願っているのです。

すでに、その兆候は現われはじめています。

本編でも紹介しましたが、私は日本人向けに定期的にジュガール・セミナーを行なっています。まだセミナーをスタートして日が浅いにもかかわらず、研修生たちは、学んだジュガールを自分の仕事や人間関係に活かして、どんどん変化を感じはじめています。

なかには、自分の殻を打ち破り、ひと皮もふた皮も剥《む》けて、成功パターンに入ってきている人もいます。

その研修生たちの声を、ここで一部紹介することにしましょう。

＊

Y・Iさん（会社取締役・43歳・男性）の場合

会社経営をしている自分が言うのもなんなのですが、以前のわたしは人づき合いがとても苦手でした。

とにかく人と接することに苦手意識を持っていて、仕事上のつき合いならまだしも、仕事と関係のない飲み会やつき合いとなるとパッと帰ってしまったりする……。会社で鳴っている電話をとるのも嫌なくらいで、自分ながら〝これじゃあまずいよなあ〟と感じていたのです。

ジュガール・セミナーに参加したのは、知人のすすめだったのですが、まさかこんなにも早く苦手を克服できるようになるとは思っていませんでした。

そう、わたしの場合、ジュガールを学んで以降、てきめんに人間関係がスムーズになり、人と接するのがラクに感じられるようになったのです。

たとえば、ジュガール・セミナーの際、同じ参加者の方とお話しする機会があったのですが、そのときにさっそく「相手のニーズに応える」「相手のかゆいところを掻いてあげるような話をする」という教えを実践してみたのです。

すると、すっかり意気投合し、その方がわたしのことをとても信頼してくれるようになって、ある著名な経営者の先生を紹介してもらえるという運びになりました。

実際にその著名な先生とお会いしてみると、われながらびっくりするくらい自分の口から言葉がすらすらと出てきたのです。食事をしながら何時間もお話しさせていただき、おかげでその先生とはセミナーをコラボレーションして、親しくおつき合いいただけるようになりました。


Y・Iさんはその後、国会議員の方とも親しくなって、出張の同行に誘ってもらうなど、以前なら考えられないくらい、多くの方々と深いおつき合いをしているそうです。

きっと、ジュガールを修得する前の彼なら、そんな偉い方々とコミュニケーションは遠慮をしたり気を使ったりして、かえって疲れてしまっていたのではないかと思います。

しかし、いまでは、「アウト・オブ・ザ・ボックス」「ジュガールを意識して」という私の言葉をいつも頭の隅に置いているそうです。

Y・Aさん（コピーライター・37歳・女性）の場合

ジュガールを教わったとき、〝これができたらすごい〟と思いましたが、正直、自分にできるようになるとは思っていませんでした。

でも、ジュガールを意識するようになってから、自分でもびっくりするような変化が訪れるようになりました。

それまでのわたしは、なにに対しても自信が持てず、仕事や人間関係でも言いたいことも言わずに遠慮してしまい、損ばかりしているような人間でした。それなのに、自分が頭のなかで思ったことをはっきり意思表示して行動に移せるようになってきたのです。

はじめて〝これがジュガールの効果なのかな〟と感じたのは、ある会合で、知り合って間もない方と話していたときのことです。

その方が「今度あのAさんがウチに遊びに来るんだ」とおっしゃっていたのですが、そのとき、私はなんの躊躇もなく、「わたしも遊びにいきたいです！」と言っていたのです。

そのAさんはずっと前からわたしが会いたいと思っていた人なのですが、以前のわたしならば〝会いたい〟と頭のなかでは思っていても、遠慮してしまって絶対に口には出さなかったはずです。

〝知り合って間もない方にそんなことを言い出したら、失礼かもしれない〟といったことを先に考えてしまい、いつも自分を抑えてしまっていたんですね。

とても小さな出来事と思われるかもしれません。しかし、これは大きな一歩です。

彼女は自分が思っていたよりも〝自分は他人と話をすることが好きなんだ〟ということに気づき、はじめての勉強会やパーティに参加したり、初対面の人と話したりすることが楽しくなったそうです。

先日、彼女にお会いしたときは別人のようになっていてビックリしました。内面の変化を象徴するかのように、以前にも増して髪型も服装もファッショナブルになり、ポジティブな空気で包まれていました。

「わたしはいま、自分の人生がようやく動きはじめたように感じています。少しずつではありますが、わたしは着実に変わっています。ジュガールがあれば、自分が望んでいる自分を必ず手に入れられると確信しています」

そう話してくれたときの彼女の笑顔が忘れられません。

S・Iさん（エステ業・61歳・男性）の場合

わたしは、インドのアーユルヴェーダと中医学の経絡理論をベースにしたエステ業を営んでいます。

インドに3年半滞在していた経験もあり、インド人が計り知れない知力と行動力を持っていることはかねてから知っていました。

ジュガール・セミナーに参加したのも、自分もああいう知力や行動力を身につけたいと思ったのがきっかけです。最初は「ものは試し」というくらいの気持ちだったのですが、いまは、セミナーに参加して本当に大正解だったと思っています。

サチンさんの熱のこもった誠実な話し方や教え方はとてもわかりやすく、セミナー会場にはいつも緊張感とワクワクするような期待感が満ちていました。それに、自分で言うのもヘンですが、セミナーで学んだジュガールを実践するようになってから、わたしは確実に変わり、人間的に成長することができたと思います。

以前のわたしはどちらかというと何事も一歩引いて行動する慎重派タイプだったのですが、いまのわたしは、おそらく誰が見たってそんなふうには見えないでしょう。

おかげさまで、仕事のほうにも好影響が表われはじめています。

わたしのいまの仕事の目標は、「エステを通してこの世から病をなくし、人を健康にしていくこと」なのですが、ジュガールを学んでからは、医師や整体師、鍼灸師《しんきゅうし》、同業のエステの方々など、従来、競合相手だった人たちとも、とても愉快に話ができるようになってきたのです。

わたしのお店にご来店いただいた際には、そういうみなさんから技術やコツ、情報などを教えていただいたり、お客さまを紹介していただいたりすることも少なくありません。うれしいことに共同事業をご提案いただいたこともあります。

そういうふうに、業界の垣根を飛び越えていろいろな方々と協力関係を築くことができるようになったのも、ジュガールの効果なのでしょう。

さらに、最近「毒出しエステ」の新しいプログラムをスタートさせたのですが、それに対する協力を申し出る人が次々に現われ、仲間や支援者の数がみるみるうちに増えてきて、ちょっとしたブームになりつつあるのです。


人と結びつくソリューションによって、やりたいことや目標に向かっていく行動のエネルギーが大きく循環している様子がありありと伝わってきます。

S・Iさんがはじめて〝自分はジュガールを使ったんだな〟と感じたときのことを教えてもらいました。

数人の仲間とレストランに行ったときのことです。庭に面した喫煙席のほうが開放的で気持ちよさそうでした。でも、みんな非喫煙者。

でもほかにお客さんがいなかったので、彼はお店のスタッフと交渉し、庭に面した喫煙席を一時的に禁煙席にしてもらい、その席で仲間たちと気持ちのいい時間を過ごしたそうです。

これも小さな出来事ですが、立派なジュガールですよね。

以来、ジュガールを意識するようになってからというもの、「かつての自分なら絶対にしなかったような行動」をためらいなくとれるようになったそうです。

「わたしは、ジュガールを煎《せん》じ詰めると〝自分を裏切らない行為をする〟ということに突き当たるのではないかと思います。

それまでは希薄だった人間関係が濃密な関係に変わって、たしかな絆で結ばれるようになっていきます。そういう〝たしかなもの〟が残ることがわかっているから、自分の姿を謙虚に誠実に見つめ、自分の信じるものや本気になれるものをあきらめずに追求することができるようになるんです」

＊

ジュガール研修生の生の声、いかがでしたでしょう。

ジュガールは、誰にも見つけることのできる力です。

さあ、次はあなたの番です。

ぜひあなたも、ジュガールを身につけて、自分の殻を打ち破ってください。

時代は大きく変わっています。

新しい時代に向けて、みんな、大きく変わりはじめています。脱皮して飛び立とうとしています。

あなたも遅れないでください。

あなたも広い世界へ飛翔してください。

どんなことが起ころうとも、ジュガールを味方につけていれば苦境を乗り越えていくことができます。

あなたの可能性は無限です。ジュガールはその無限の可能性を引き出してくれます。打たれ強くしたたかに、やわらかく伸びやかに自分を変えて、目の前の壁を乗り越えていきましょう。

そして――

決してあきらめることなく、たしかな自信を持って、本当の自分の人生を生きていきましょう。

2012年10月

サチン・チョードリー

[著者紹介]

サチン・チョードリー（Sachin Chowdhery）

1973年、ニューデリー生まれ。日本企業のインド事業開発支援、マーケティング支援、M&Aアドバイザリーを業務とするアバカス・ベンチャー・ソリューションズ代表取締役会長。そのほか、経営コンサルティング会社、IT関連会社など、いくつもの会社を経営。神戸情報大学院大学では教鞭をとる。

幼少時に外交官の父親に連れられて初来日、バブル期の東京で過ごす。帰国後も当時のきらびやかな印象が忘れられず、1996年に再来日。言葉の壁や差別など不遇の日々を送るが、印僑大富豪から「ジュガール」の教えを受けたことが大きな転機に。いまでは母国インドはもちろん、日本でも数多くの事業を成功に導く実業家、パナソニックやアクセンチュアなど大企業の異文化経営・異文化戦略を指導する国際コンサルタントとして活躍。コンサルタントフィーはなんと時給70万円。

本書はインドに伝わる成功法則「ジュガール」をはじめて日本に伝えた、著者初の単著となる。共著には『新興国投資 丸わかりガイド』（日本実業出版社）、シンガポールで出版された『WORLD-CLASS LEADERSHIP』（World Scientific Publishing）がある。テレビ東京「カンブリア宮殿」、日本テレビ「NEWS ZERO」「news every」、フジテレビ「なかよしテレビ」など、テレビ出演も多数。

大富豪インド人のビリオネア思考

2012年11月4日　初版発行
2012年12月9日　3刷発行

著　者　サチン・チョードリー
発行者　太田　宏
発行所　フォレスト出版株式会社
〒162-0824　東京都新宿区揚場町2-18　白宝ビル5F
電話　03-5229-5750（営業）
03-5229-5757（編集）
URL　http://www.forestpub.co.jp

印刷・製本　シナノ印刷株式会社

ISBN978-4-89451-539-0　Printed in Japan